Schlanke/Schobesberger

Selbst
Öfen und Kamine
bauen

Compact Verlag

Ein Wort zuvor

Selbermachen – ein Hobby, das heute für Millionen zur sinnvollen Freizeitbeschäftigung geworden ist. Ob es sich nun um die gemietete Altbauwohnung oder um die eigenen vier Wände handelt, mit etwas Geschick und einer fachmännischen Anleitung lassen sich oft verblüffende Ergebnisse erzielen: bei kleineren Reparaturen, beim Renovieren und Verschönern und beim Um- und Ausbauen.

Und Selbermachen bringt Spaß. Freude an der eigenen Arbeit, deren Ergebnis man Tag für Tag sehen und „bewundern" kann; es spart Geld, mit dem sich lang gehegte Wünsche erfüllen lassen, und es macht unabhängig von Handwerkern, auf die man womöglich wochenlang vergeblich gewartet hat.

Fachgeschäft, Heimwerker- und Baumärkte versorgen den Hobby-Handwerker mit allen Werkzeugen und Materialien, die er braucht. Doch richtiges Werkzeug und Begeisterung allein reichen nicht aus. Unerläßlich sind eine gründliche Vorbereitung und Fachkenntnisse, wie eine Arbeit durchzuführen und was dabei zu beachten ist.

COMPACT PRAXIS **Selbst Öfen und Kamine bauen** zeigt, wie man's macht. Mit wertvollen Tips und Tricks, die sich in der Praxis tausendfach bewährt haben. Jeder Arbeitsgang wird ausführlich Schritt für Schritt gezeigt und in Bild und Text erläutert. Übersichtliche Symbole zeigen auf einen Blick, mit welchem Schwierigkeitsgrad, welchem Kraft- und Zeitaufwand Sie bei jedem Arbeitsgang rechnen müssen, welche Werkzeuge Sie brauchen und wieviel Geld Sie durch Ihre eigene Arbeit einsparen können.

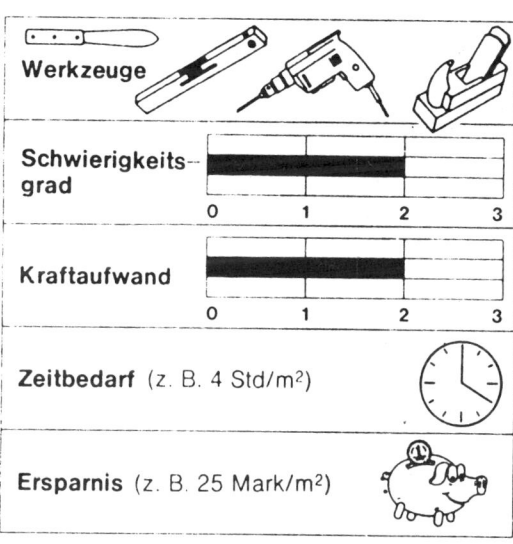

Und so stufen Sie sich richtig ein:
Schwierigkeitsgrad 1 – Arbeiten, die auch der Ungeübte ausführen kann. Es ist nur geringes handwerkliches Geschick erforderlich.

Schwierigkeitsgrad 2 – Arbeiten, die einige Übung im Umgang mit Werkzeug und Material erfordern. Es ist handwerklich durchschnittliches Geschick notwendig.

Schwierigkeitsgrad 3 – Arbeiten, die fachmännische Übung erfordern. Überdurchschnittliches Geschick ist erforderlich.

Kraftaufwand 1 – leichte Arbeit, die jeder erledigen kann.

Kraftaufwand 2 – Arbeiten, die eine gewisse körperliche Kraft voraussetzen.

Kraftwand 3 – Arbeiten für kräftige Heimwerker, die keine „Knochenarbeit" scheuen.

Inhaltsverzeichnis

Inhalt

Die wichtigsten Fachbegriffe von A – Z

Abgasstutzen: Hierbei handelt es sich um das Anschlußstück des Ofens oder Brenners, auf das das Rauchgasrohr aufgesteckt wird. Die Länge beträgt mindestens 4 cm.

Abnahme: Jeder offene Kamin, Kaminofen oder Kachelofen muß beim zuständigen Kaminkehrermeister angemeldet und von diesem abgenommen werden.

Abzugshaube: Sie befindet sich über der Feuerstelle von offenen Kaminen und leitet das Rauchgas zum Schornstein.

Anheizklappe: Eine verschließbare, meist in der Feuertür befindliche Klappe, die beim Anheizen geöffnet wird. Sie ermöglicht ein leichteres Anbrennen.

Asche: Feste Brennstoffe ergeben unterschiedliche Aschemengen. Braunkohlebriketts ca. 10 Prozent, Holz 0,5 bis 2 Prozent. Da Asche isoliert, muß der Ofen öfter gereinigt werden.

Ausfütterung: Als Ausfütterung bezeichnet man bei Kacheln die Füllung mit einem Futterstein aus Schamotte. Bei Grundöfen hingegen handelt es sich um die Innenauskleidung mit Schamotteplatten, vor allem im Feuerraum. Sie nimmt von unten nach oben ab.

Bratrohr: Zubehör aus Gußeisen oder Stahlblech. Das Bratrohr befindet sich über oder neben dem Feuerraum. Es eignet sich zum Kochen, Backen und Braten sowie zum Warmhalten von Speisen.

CO-Wert: Kohlenmonoxidgehalt der Rauchgase. Er erhöht sich bei schlechtem Abbrand und bei Sauerstoffmangel. Der Anteil dieses giftigen Gases muß unter 1 Prozent liegen.

Dämmstoffe: Ein Stoff, der über sehr geringe Wärmeleitfähigkeit verfügt. Für den Ofen- bzw. Kaminbau kommen nur formstabile Mineralfaserdämmplatten in Frage.

Doppelrohrbogen: Er stellt die Verbindung zwischen dem Brennereinsatz und dem Nachheizkasten her, ist verschiebbar und mit zwei Bögen ausgestattet.

Drosselvorrichtung: Meistens handelt es sich um eine Drehklappe im Abgasstutzen, die gegebenenfalls die Strömungsgeschwindigkeit der Rauchgase mindert.

Durchsicht: Bezeichnung für einen horizontalen Konvektionsschacht, der den Ofen durchdringt und an beiden Enden mit Ziertürchen verschlossen werden kann. Die Durchsicht vergrößert die Abstrahlflächen für die Warmlufterzeugung.

Exhaustor: Ein elektrischer Rauchgasventilator, der im Kaminschacht als Zughilfe eingesetzt wird (siehe Zugverstärker).

Feuerbock: Beim Grundofen eine Trennwand hinter dem eigentlichen Feuerraum, die die Rauchgase zu den Zügen leitet.
Beim offenen Kamin ein Rost aus Gußeisen auf ca. 10 cm hohen Füßen. Der Feuerbock erleichtert den Abbrand, da Luft von unten zugeführt werden kann.

Feuerraum: Der durch Feuerraumboden, -wände, Tür und Heizgassammler gebildete Raum, in dem der Brennstoff verbrennt. Nach oben hin schließt sich der Rauchgassammler an.

Feuerverordnungen: Richtlinien für Feuerstätten (Teil der im jeweiligen Bundesland geltenden Bauordnung); die entsprechenden Texte erhalten Sie im Buchhandel oder Sie fragen Ihren Architekten danach.

Frischluftkanal: Da beim Heizen mit einer offenen Feuerstelle viel Luft aus dem Raum abgesogen wird, empfiehlt sich der Einbau eines Frischluftkanals. Durch den ständigen Luftaustausch erhalten Sie ein gesundes Raumklima, und der Brennstoff wird entschieden besser verwertet.

Gasschlitz: Die direkte Verbindung des Feuerraums zum Abzugsrohr. Der Gasschlitz verhindert die Ansammlung von Schwelgasen (unverbrannte Rauchgase) und daraus resultierende Verpuffungen.

Glasur: Ein glasartiger Überzug auf keramischen Gegenständen, der ihnen Glanz verleiht und das Eindringen von Feuchtigkeit verhindert. Die Glasur wird auf die gebrannte Kachel aufgetragen, woraufhin abermals gebrannt wird. Metalloxide verleihen den Kacheln die verschiedenen Farbtöne.

Grundofen: Sammelbegriff für direkt beheizte Kachelöfen. Der Kachelmantel speichert die Wärme und strahlt sie in den Raum ab. Der ursprüngliche Grundofen besitzt weder Rost noch Aschenkasten; das Feuer wird direkt auf dem Boden (Grund) des Brennraums entfacht.

Hafnerdraht: Ein 2 bis 3 mm starker Federstahldraht, der sich für die Herstellung von Hafnerklammern eignet.

Hafnerklammern: Halteklammern aus 2 bis 3 mm starkem Federstahldraht, die beim Aufbau die Kachel an die Latte drücken und deren Ausrichtung ermöglichen. Jede Klammer wird einzeln hergestellt und an die jeweilige Kachel angepaßt.

Heizeinsatz: Ein industriell vorgefertigter **Brenner** aus Guß, der mit Schamotte ausgekleidet wird. Es gibt auch reine Gußbrenner und Heizeinsätze zur Warmwasseraufbereitung.

Heizwert: Er wird in kWh (oder kJ) pro kg angegeben und bestimmt den Energiegehalt eines Brennstoffes. Bei Holz beispielsweise hängt der Heizwert vom Trocknungsgrad ab. Bei der Verbrennung von feuchtem Holz wird zur Verdampfung des Wassers viel Energie benötigt.

Hinterlader: Bezeichnung für einen Ofen, der durch die Wand gebaut wurde. Der Hinterlader wird meist vom Flur aus beheizt.

Kachel: Im vorliegenden Fall handelt es sich um glasierte Keramik für den Ofenbau. Grundsätzlich wird zwischen handgefertigten bzw. handgeschlagenen und industriell hergestellten Kacheln unterschieden. Als Grundformen gelten im einzelnen die Schüsselkachel, die Muldenkachel, die Tafelkachel, die Barockkachel und die jeweils dazu passenden Sims-, Eck-, Lüfter-, Dekor- und Putzkacheln.

Kachelofen: Bei Kachelöfen differenziert man zwischen Kachelwarmluftöfen (siehe Warmluftofen) und Kachelgrundöfen (siehe Grundofen).

Kachelkamin: Hierbei handelt es sich um einen Heizkamin, der statt mit Klinker, Natursteinen oder Verputz mit echten Ofenkacheln verkleidet ist.

Kaminbesteck: Unentbehrlich zur Bedienung des offenen Kamins. Das Kaminbesteck besteht aus Besen, Schaufel, Haken und Zange.

Kaminofen: Als Kaminofen bezeichnet man einen Ofentyp aus Stahlblech oder Guß, der meist ausschamottiert und mit verschließbaren Türen und Sichtfenstern ausgestattet ist. Der Kaminofen hat eine eigene Typennorm: DIN 18 891.

Kaminschürze: Die Verkleidung des Rauchgassammlers zum Wohnraum hin. Sie ist meistens schräg an die Wand angebaut und mit Sichtmauerwerk verkleidet.

Kaminsockel: Der Unterbau eines offenen Kamins. Der Sockel übt verschiedene Funktionen aus: Er dient dem Brandschutz, nimmt den Rost und Aschenkasten auf und verleiht dem Kamin ausgewogene Proportionen.

Luftgitter: Eine Öffnung im Ofen bzw. Kaminkörper, durch welche die erwärmte Luft in den

Raum abgegeben wird. Die Gitter sind mit Jalousien versehen, die der Regulierung des Luftstroms dienen.

Luftschieber: Er wird auch **Stellglied** genannt und dient der Regulierung des Abbrandes durch Veränderung des Querschnitts der Ansaugöffnung.

Nachheizkasten: Bezeichnung für einen dem Brenner nachgeschalteten Kasten mit u-förmigem Rauchgaszug (Fall- und Steigzug). Er erhöht den Wirkungsgrad des Heizeinsatzes durch Nutzung der Abgaswärme erheblich. Die Heizfläche beträgt etwa 1,5 m². Der Nachheizkasten besteht aus Stahlblech oder Guß. Format und Gewicht orientieren sich selbstverständlich an der Größe des Warmluftofens. Schwerere Typen sind in der Regel ausschamottiert.

Nennwärmeleistung: Die Leistung eines Ofens oder Kamins bei voller Beheizung. Sie wird vom Hersteller in der Einheit kW angegeben.

Oberbau: Bezeichnung für den Aufsatz auf dem Ofenkörper. Er ist in der Regel etwas zurückversetzt, so daß ein Sims entsteht. Bei alten Öfen ist er meistens halbkugelförmig und mit Schüsselkacheln ausgekleidet.

Planrost: Der Planrost ist im Feuerraumboden eingelassen. Durch seine Zwischenräume fällt die Asche in den Aschenkasten.

Primärluft: Es handelt sich um die Luft, die durch den Rost der Flamme von unten zugeführt wird. Beim ursprünglichen Grundofen strömt die Primärluft durch den Schieber in der Heiztür auf den Glutstock.

Rauchblech: Es dient der Zugumlenkung in Öfen und insbesondere in Kaminöfen. Hierdurch wird die Energie der Rauchgase besser ausgenutzt.

Rauchgasrohr: Eine aus Stahlblech oder Guß bestehende Rohrverbindung vom Ofen zum Schornstein.

Rauchsammler: Der Rauchsammler befindet sich oberhalb des Feuerraums. Von dort aus werden die Heizgase zum Abgasstutzen geführt. Rauchsammler können aus Stahl oder aus mineralischen Baustoffen bestehen.

Raummeter: Im süddeutschen Raum auch Ster genannt; Maßeinheit für die Menge Holz, die in einen Kubikmeter hineinpaßt (ca. 0,7 m³ guter Schichtung; das entspricht etwa 400 kg).

Rumpf: Bezeichnung für die schüsselartige Ausformung auf der Kachelrückseite, die sich durch aufgesetzte Stege ergibt. Der Rumpf wird mit einem Schamottekern versehen.

Ruß: Kohlenstoff, der bei unvollständiger Verbrennung von organischen Stoffen anfällt. Ursache hierfür ist in erster Linie Sauerstoffmangel, der beispielsweise bei Überfüllung des Ofens mit Brennmaterial entsteht. Der Ruß lagert sich an den Innenwänden des Ofens und in den Rauch- und Abgasrohren ab. Er wirkt isolierend und reduziert dadurch die Heizleistung.

Schamotte: Bezeichnung für gebrannten, feuerfesten Ton. Schamottesteine werden bei hohen Temperaturen vorgebrannt, um bei Fertigbrand ein Schwinden des Volumens zu verhindern. Im Gegensatz zur Isolierschamotte in Töpferöfen verfügt Ofenschamotte über eine hohe Wärmeleitfähigkeit.

Schornsteinaufsatz: Um den Zug zu verbessern, wird auf den Schornstein ein Aufsatz aus Fertigbeton gemauert.

Schüttelrost: Ein eingebauter, beweglicher Rostteil, der über einen Schieber bedient wird. Mit dem Schüttelrost läßt sich die Asche aus dem Brennraum entfernen. Der Schüttelrost sollte auch während des Brennvorgangs gelegentlich bedient werden, um die Luftzufuhr und damit die Verbrennung zu steigern.

Sesselofen: Eine früher verbreitete Kombination eines Kachelofens mit einem Kachelherd.

Das Backrohr und das Wasserschiff befinden sich im Ofenteil. Dort ist auch der Kaminanschluß installiert. Durch die langen Züge (vom Herdfeuer am Wasserschiff und Backrohr entlang zum Schornstein) wird die Energie der Rauchgase optimal ausgenutzt.

Sims: Der wulstartig in den Raum vorspringende obere und untere Rand eines Kachelofens. Es wird zwischen Bodensims und Abschlußsims unterschieden.

Sockel: Der gemauerte Unterbau eines Warmluftofens. Eingebaute Bögen ermöglichen die Zufuhr von Konvektionsluft. Diese Bögen dürfen keinesfalls mit Dekorationsholz verstellt werden.

Steinofen: Ein aus Bruchsteinen gemauerter und anschließend verputzter Ofen, der auch der „Kachelofen der armen Leute" genannt wird. Der Steinofen, der im übrigen wegen seiner rustikalen Note heute wieder gefragt ist, wird mittlerweile allerdings mit Schamotte gemauert.

Verbindungsstück: Ein im Winkel von 45 Grad geneigtes Rauchgasrohr, durch das die Gase von der Rauchgashaube zum Schornstein geleitet werden.

Verbrennungsluft: Um bei geschlossenen Türen und Fenstern Unterdruck im Raum zu vermeiden und damit das Ausströmen der Rauchgase auszuschließen, muß dem Feuer Frischluft zugeführt werden. Am besten wird dies von außen durch einen Frischluftkanal bewerkstelligt.

Versottung: Es handelt sich um eine teerähnliche Ablagerung, die sich bei der Verbrennung von zu feuchtem Holz bildet oder auch durch übermäßig lange Rauchgasrohre verursacht werden kann. Mit zunehmender Versottung wird der Kamin oder Ofen zerstört.

Warmluftkamin: Der Warmluftkamin basiert auf dem Konvektionsprinzip. An seiner Hinterseite wird Luft vorbeigeführt, die den Raum erwärmt. Die Verbrennungsgase und der Konvektionskreislauf sind voneinander getrennt.

Warmluftofen: Der Warmluftofen oder Konvektionsofen ist als die gängigste Form des Kachelofens anzusehen. Öffnungen am Boden und im oberen Teil des Kachelmantels dienen der Luftzirkulation. Die von unten angesogene Luft umströmt den Brennereinsatz und den Nachheizkasten, steigt hinter dem Kachelmantel auf und wird durch die Gitter wieder in den Raum geleitet. Die Größe des Warmluftofens hängt davon ab, ob er als Haupt- oder als Zusatzheizung genutzt wird, ob er nur einen Raum oder mehrere heizen soll. Als Vorteil erweist sich die kurze Aufheizzeit. Durch die ständige Umwälzung wird die Raumluft jedoch relativ schnell trocken, bisweilen sogar unangenehm staubig.

Wärmetauscher: Eine Vorrichtung in Heizgeräten, die die Wärme des Rauchgases auf einen Wasserkreislauf übertragen.

Wasserschiff: Hierbei handelt es sich um ein Warmwasserbecken, das vorzugsweise in Küchenöfen untergebracht ist. Es eignet sich auch vorzüglich zum Warmhalten von Speisen.

Wirkungsgrad: Als solchen bezeichnet man das tatsächliche Verhältnis zwischen der abgegebenen Wärme und dem eingebrachten Kalorienwert des Brennstoffes. Der Wirkungsgrad wird in Prozent angegeben.

Zugverstärker: Hierbei handelt es sich um einen elektrisch betriebenen Ventilator im oberen Teil des Kaminschachtes. Er wird auch Exhaustor genannt. Vor dem Einbau muß auf jeden Fall der zuständige Kaminkehrermeister konsultiert werden.

Zwicker: Bezeichnung des Ofensetzers für kleine, keilförmige Abstandhalter aus Schamotte. Sie dienen namentlich der Fixierung der Kacheln im Mörtelbett.

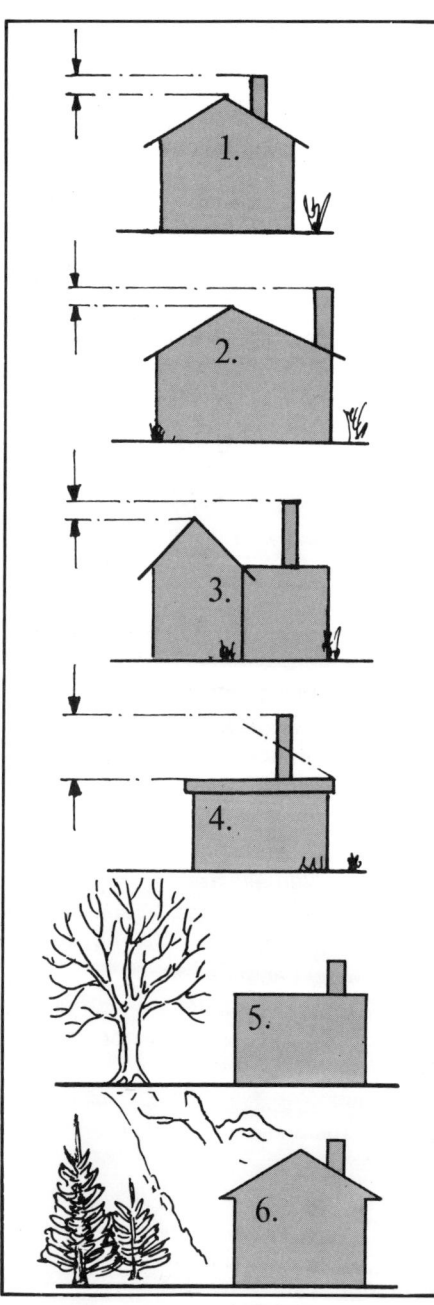

Voraussetzungen für den Kaminanschluß

Bevor Sie sich für einen eigenen Kamin oder Ofen entscheiden, empfiehlt sich auf alle Fälle ein Gespräch mit dem zuständigen Bezirkskaminkehrermeister. Alle Feuerungsanlagen unterliegen nämlich sehr strengen Verordnungen und Sicherheitsbestimmungen. Für Kamine gelten die ,,Richtlinien für den Bau von Kaminen" des Zentralinnungsverbandes des Schornsteinfegerhandwerks sowie die neue DIN-Norm.

Der Kaminkehrermeister prüft dann vor Ort, ob die Voraussetzungen für den Einbau eines Ofens oder Kamins gegeben sind. Folgende Voraussetzungen müssen erfüllt sein: ein der Feuerstätte entsprechend dimensionierter Schornstein, genügend Zuluft und ein geeigneter Ofenstandort. Ferner muß der Raum eine Mindestgröße von 12 m² haben. Jeder offene Kamin benötigt einen eigenen freien Schornstein. Auch für den Brandschutz ist der Kaminkehrermeister zuständig. Er muß auch den Neuanschluß überprüfen und abnehmen. Erkundigen Sie sich nach den Feuerschutzverordnungen, z. B. nach Mindestsicherheitsabständen der Feuerstelle zu brennbaren Materialien.

1. Planen Sie einen Neubau, dann sollte der Standort für den Kamin oder den Ofen sowie für den Schornstein schon von Beginn an berücksichtigt werden. Die Größe der Feuerraumöffnung muß im richtigen Verhältnis zum Schornsteinquerschnitt und zur Schornsteinhöhe stehen. Die Schornsteinmündung muß im freien Windstrom liegen (Schema 1 und 2). Nur wenn der Schornstein den richtigen Zug hat, kann das Kaminfeuer richtig brennen. Kritisch ist es, wenn der Wind auf dem Schornstein ,,liegt", weil die Schornsteinmündung nicht in der richtigen Höhe über den Dachfirst ragt. Bei Flachdachbauten ist die Schornsteinhöhe in gleicher Weise zu veranschlagen wie bei einem Satteldach mit 35 Grad Neigungswinkel, über das die Schornsteinmündung hinausragen muß (Schema 3 und 4). Aber auch Hanglagen, hohe Gebäude und Bäume können die Windströmung so beeinflussen, daß der Kamin nicht richtig brennt (Schema 5 und 6).

2.–3. Zum Brandschutz: Gewöhnlich bestehen Fußboden, Decke und Anbauwände aus nicht brennbaren Baustoffen. Trotzdem muß der Einbau z. B. eines offenen Kamins gemäß den einschlägigen Vorschriften und Richtlinien erfolgen.

Den richtigen Einbau eines Heizkamins mit horizontalem Abgang und, als Variation, des Heizkamins mit vertikalem Abgang zeigen die beiden nebenstehenden Querschnitte. Der Heizeinsatz (1) steht auf seinem Sockel. Der Rauchgassammler ist über das Abgasrohr (2) bzw. über den Abgasrohrbogen (4) und die Abgasrohrverlängerung (5) mit dem Wandfutter (3 bzw. 6) verbunden. Eine Dichtungsschnur (7) verhindert unerwünschten Gasaustritt. Die über dem Kamineinsatz befindliche Luftkammer (8) ist vom Konvektionsmantel aus Stahlblech (9), der Warmlufthaube, umgeben. Dieser Mantel ist rundum mit Isoliermaterial umhüllt, das an Anbauwänden mindestens 6 cm Dicke haben muß. Bei vertikalen Rauchgasabgängen muß die Isolierung der Verbindungsstücke (11) innerhalb der Verkleidung aus mindestens 3 cm starker, formbeständiger Mineralwolle bestehen. Für die Dämmung des Luftkanalrohres (12) empfiehlt sich das gleiche Dämmaterial. Über das Umluftgitter (14) wird die eintretende Kaltluft an den Rückseiten des Heizeinsatzes erwärmt und über das Warmluftaustrittgitter (13) wieder dem Raum als Konvektionswärme zugeführt. Die in den Frischluftkanal eingebaute Frischluftklappe (15) steuert die zugeführte Frischluftmenge. Die Verkleidung aus Mauerwerk (18), die sich über der Feuerraumöffnung befindet, lastet auf einem Trageisen (16). Sie ist zur Luftkammer hin gedämmt und mit einem Isolierstreifen (17) geschützt. Selbstverständlich muß das gesamte Verblendmauerwerk aus nicht brennbaren Baustoffen bestehen.

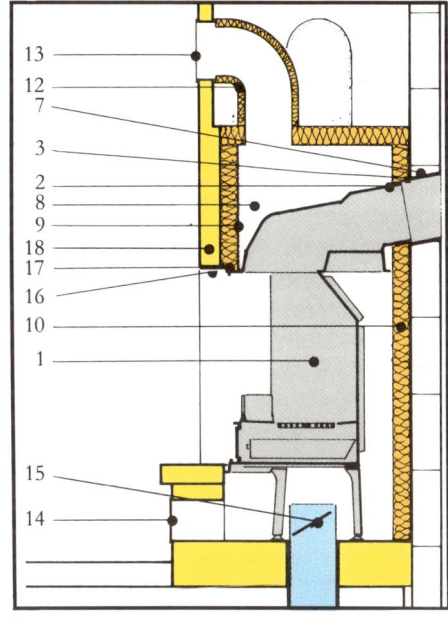

2

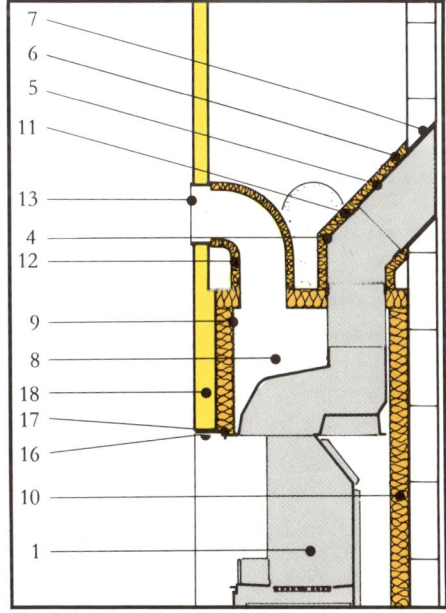

3

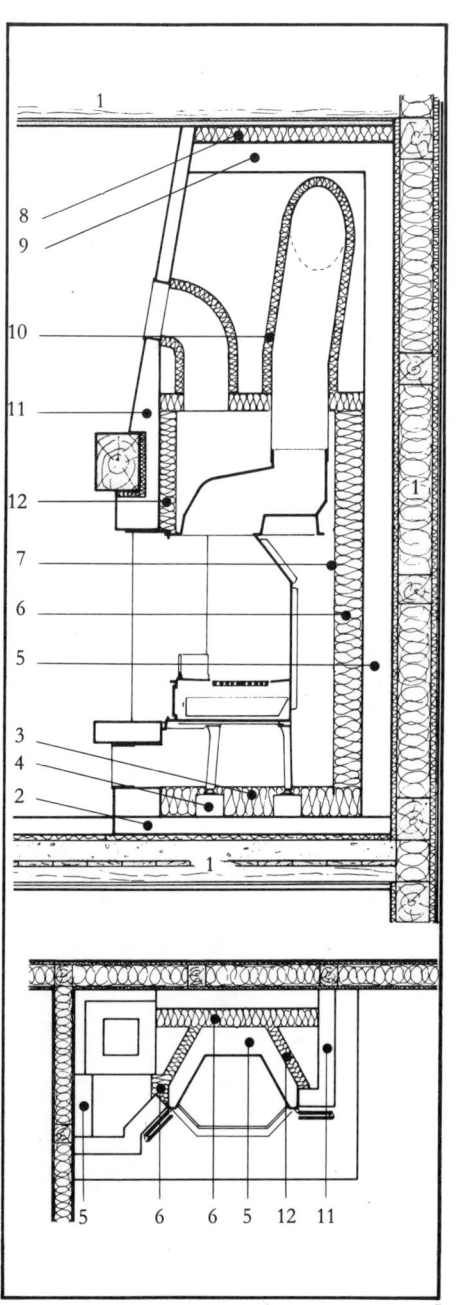

4. Besondere Vorkehrungen für den Brandschutz müssen dann getroffen werden, wenn z. B. der Fußboden (Holzbalkendecke), die Decke und/oder die Anbauwände aus brennbaren Materialien bestehen. Die im Schnittbild dargestellte Situation zeigt einen Warmluft-Heizkamin, der unter Berücksichtigung der besonderen Situation eingebaut wurde. Brennbare Baustoffe in Wänden, Decken und Fußböden (1) erfordern eine mindestens 6 cm starke Betonplatte (2) als Ofensokkel. Vor der Anbauwand mit ihren brennbaren Materialien muß eine mindestens 10 cm starke Wand (5) aus mineralischen Baustoffen hochgezogen werden. Auf der Bodenplatte angebrachte Sockelsteine (4) dienen als Auflager für die Füße des Kamineinsatzes. Sie bilden eine sehr kleine Wärmebrücke. Der Heizeinsatz ist nach unten und zur Wand hin mit Isoliermaterial (3) aus mindestens 10 cm starker, formbeständiger Mineralwolle zu dämmen (6). Diese Dämmschicht wird zur Ofenseite hin zusätzlich mit einem Konvektionsmantel aus Stahlblech (7) abgeschirmt. Nach oben, zur Zimmerdecke hin, wird die Kaminanlage mit mineralischen Baustoffen, z. B. einer Gasbetonplatte (9) von mindestens 10 cm Stärke, abgeschlossen. Der Zwischenraum zur Decke muß mit formbeständiger Mineralwolle von mindestens 6 cm Dicke verfüllt werden. Das senkrecht nach oben führende Rauchrohr und die Verbindungsrohre (10) sind mit einer mindestens 3 cm dicken, formbeständigen Mineralwolle zu isolieren. Das Verblendmauerwerk (11) muß selbstverständlich aus nicht brennbaren Baustoffen gearbeitet werden. Der dahinter liegende Konvektionskasten (12) muß rundum isoliert werden. Für den zierenden Simsbalken gelten gleichfalls besondere Bestimmungen. Er muß aus Hartholz sein und außerhalb des Strahlungsbereiches liegen. Ein belüfteter Abstand von 1 cm oder eine 2 cm starke Dämmplatte als Isolierung sind Vorschrift. Der Abstand zwischen der Innenkante des Heizgassammlers und dem Simsbalken muß mindestens 16,5 cm betragen.

Ein wichtiger Tip: Verwenden Sie nur vorgefertigte, werkgeprüfte Bausätze und Typen.

Plazierung der Kaminanlage

Es gibt zahlreiche Möglichkeiten, den offenen Kamin oder Ofen im Raum und zugleich auch in einer günstigen Position zum Schornstein anzuordnen. Acht verschiedene Positionen sollen hier vorgestellt werden:

1. Der einseitig offene Kamin ist an einem hinter der Wand befindlichen Schornstein angeschlossen.

2. In gleicher Position läßt sich auch ein zweiseitig offener Kamin an den Schornstein anschließen.

3. Hier wurde ein einseitig offener Kamin vor dem Schornstein diagonal in die Raumecke eingebaut.

4. Im vorliegenden Fall befindet sich der Kamin seitlich des Schornsteins in leicht schräger Stellung zur Wand.

5. Eine Position parallel zur Wand ist gleichfalls möglich.

6. In dieser Position kann selbstverständlich auch ein zweiseitig offener Kamin angeschlossen werden.

7. An den innerhalb des Raumes befindlichen Schornstein wurde ein einseitig offener Kamin angeschlossen.

8. Auch wenn sich der Schornstein außerhalb der Raumecke befindet, läßt sich bei diagonaler Anordnung ein einseitig offener Kamin anschließen.

Ein wichtiger Hinweis: Achten Sie bei der Planung stets auf einen möglichst geringen Abstand zum Schornstein!

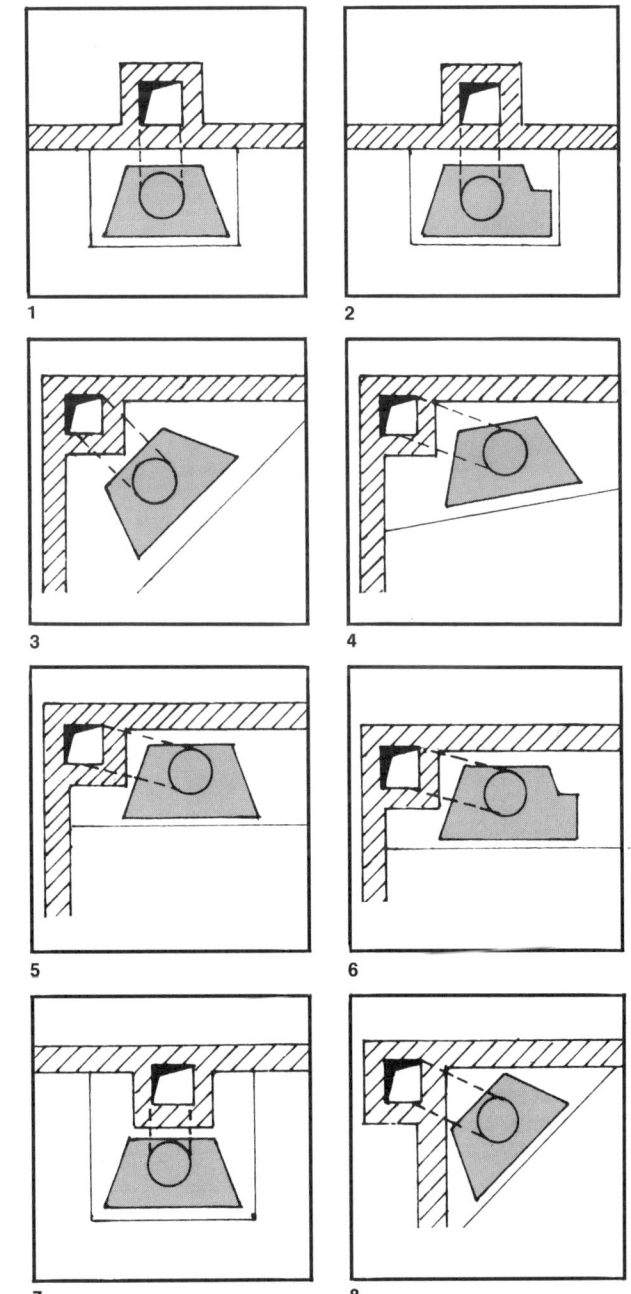

Fachkunde

1

2

3

Die verschiedenen Öfen und Kamine

Die Frage nach dem richtigen Ofen oder Kamin beinhaltet die Frage nach dem Verwendungszweck. Natürlich spielt bei der Entscheidung für diesen oder jenen Typ Ihr persönlicher Geschmack eine gewichtige Rolle; gleichwohl sollten Sie sich aber den Verwendungszweck ganz klar vor Augen führen. Brauchen Sie für die etwa 220 Tage währende Heizperiode eine Vollheizung? Bedarf es lediglich einer Heizung für die Übergangszeiten, wenn die Zentralheizung wirtschaftlich noch nicht ausgelastet ist? Benötigen Sie eine Zusatzheizung für besonders strenge Wintertage? Geht es Ihnen nur um eine gemütliche, dekorative Feuerstelle mit geringem Wirkungsgrad?

Nun, für eine Vollheizung kommen in erster Linie Kachelöfen (Abb. 1) und Kaminöfen (Abb. 2) in Frage, denn diese haben einen Wirkungsgrad von etwa 80 Prozent. Es muß aber bedacht werden, daß eine Vollheizung auch eine große Menge Festbrennstoffe aus Holz, Torf oder Kohle verbraucht. Fünfundsechzig Zentner Holz entsprechen einer Menge von 1200 Liter Heizöl. Also muß ein entsprechend großer Raum für die Lagerung der Festbrennstoffe vorhanden sein.

Als Zusatzheizung für die Übergangszeit eignen sich Kachelöfen, Kaminöfen und auch Heizkamine mit Türen. Die Energieausbeute ist groß, und der Einsatz von Brennstoffen hält sich aufgrund der geringeren Auslastung in Grenzen. Kommt es Ihnen hingegen eher auf eine gemütliche Feuerstelle als auf einen großen Wirkungsgrad an, dann bietet sich zuzüglich zu den vorgenannten Ofentypen auch noch der offene Kamin an (Abb. 3). In der Ausführung als Heizkamin, mit Konvektionsprinzip, bringt es der offene Kamin sogar auf einen Wirkungsgrad von 35 Prozent.

Der offene Kamin

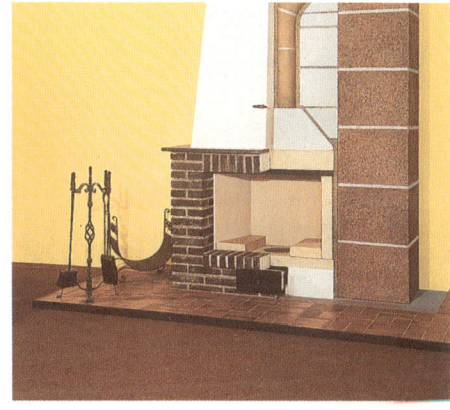

1

Die Funktionsweise des offenen Kamins läßt sich folgendermaßen erklären: Der Rauch zieht nach oben, weil die heißen Rauchgase leichter sind als Luft. Durch die aufsteigenden Gase bildet sich im Kaminrohr bei sinkender Außentemperatur zunehmender Unterdruck. Wenn aber die Rauchgase die gleiche oder eine geringere Temperatur als die Außenluft haben, bildet sich als Folge des Überdrucks im Kamin ein Stau, und die Rauchgase strömen ins Zimmer. Das gleiche kann auch passieren, wenn das Feuer nicht genügend Frischluft erhält oder der Kamin nicht auf den Schornstein abgestimmt ist.

1. Die Konstruktion eines offenen Kamins ist recht einfach. Ein etwas erhöhter Sockel stellt die Feuerstelle dar, die nach unten vom Feuerraumboden und seitlich von den Feuerraumwänden abgeschlossen ist. Durch die Feuerraumöffnung ist der Kamin nach einer oder mehreren Seiten offen. Nach oben wird der Kamin durch den Rauchsammler begrenzt, der die Rauchgase über das Rauchgasrohr in den Schornstein leitet. Als Absperrvorrichtung dient die Rauchklappe, die zwischen Rauchsammler und Rauchgasrohr angebracht ist.

2.–3. Die traditionellen offenen Kamine, die nur nach dem Strahlungsprinzip arbeiten, haben einen Wirkungsgrad von nur 10 Prozent. Deshalb wurden sie auch von den Heizkaminen, die es auf einen Wirkungsgrad von 35 Prozent bringen, weitgehend verdrängt. Heizkamine arbeiten nach dem Strahlungsprinzip und dem Konvektionsprinzip. Dabei wird hinter Stahl- oder Gußeinsätzen im Feuerraum die Luft erwärmt und über Konvektionsschächte dann in den Raum geleitet.

2

3

Materialkunde Ofentypen

1

2

3

Der Kaminofen

1. Kaminöfen werden als Strahlungs- und als Konvektionsöfen in den verschiedensten Formen und Farben angeboten. Sie sind eine wirklich preiswerte Alternative zu den offenen Kaminen, zudem leicht aufzustellen und im Regelfall völlig problemlos an den Schornstein anzuschließen.

Durch die Einführung der neuen DIN-Norm ist es nun auch vielen Mietern und Besitzern von Wohnungen möglich, neben den Kaminöfen der Bauart 2 (Einfachbelegung des Schornsteins) auch Modelle der Bauart 1 (Mehrfachbelegung) aufzustellen. Diese können überall dort angeschlossen werden, wo bereits andere Feuerstätten – jedoch keine offenen Kamine – angeschlossen sind.

Gute Ausführungen von Kaminöfen haben eine Energieausbeute von 80 Prozent. Diese Modelle arbeiten nach dem Konvektionsprinzip; sie sind meist aus Stahlblech gefertigt und doppelwandig. Die äußere Wand des Kaminofens ist oben und unten mit Öffnungen versehen. Dadurch kann von unten kühle Bodenluft in das Gehäuse einströmen. Sie wird an der heißen Innenwand erwärmt und strömt oben als Warmluft wieder in den Raum.

2. Neben Holz kann in den meisten Kaminöfen auch Braunkohle verfeuert werden. Dies muß aber vom Hersteller ausdrücklich genehmigt sein. Eventuell ist es notwendig, den Kaminofen mit einem Rost für die Kohlebefeuerung nachzurüsten.

3. Die Türen gehören zu den wichtigsten Bestandteilen des Kaminofens. Sie müssen bei allen Temperaturen wirklich dicht schließen, damit der Ofen seine volle Heizleistung erreichen kann. Türen mit Glaseinsatz ermöglichen den Blick auf das Spiel der Flammen.

Der Warmluft-Kachelofen

Warmluftkachelofen als Ecklösung

Der Warmluft-Kachelofen ist folgendermaßen konstruiert: Um einen Heizeinsatz herum wird ein Kachelmantel aufgebaut. Öffnungen am Boden und im oberen Teil des Kachelmantels dienen der Luftzirkulation. Unten wird Zuluft angesaugt. Während des Aufsteigens umstreicht die Luft die heißen Wände des Heizeinsatzes und strömt als Warmluft durch die Konvektionsöffnungen in den Raum. Dieses System erwärmt schon kurze Zeit nach dem Anheizen den Raum. Die erzeugte Strahlungswärme wird zunächst im Kachelmantel gespeichert und später langsam an die Umgebung wieder als Strahlungswärme abgegeben. Auch nach dem Erlöschen des Feuers gibt der Warmluft-Kachelofen noch Wärme ab.

Der Heizeinsatz des Warmluft-Kachelofens besteht aus Gußeisen oder Stahlblech und ist mit Schamottesteinen ausgekleidet. Als Brennstoffe kommen in erster Linie Holz und Braunkohle, je nach Brennertyp und Eignung aber auch Koks, Gas und Öl in Frage.

Um eine möglichst hohe Energieausbeute zu erreichen, werden die Rauchgase bei den meisten Modellen durch einen Nachheizkasten aus Gußeisen, Stahlblech oder keramischem Material gelenkt, bevor sie den Schornstein erreichen.

Der nachträgliche Einbau eines Warmluft-Kachelofens bringt auch bauliche Veränderungen mit sich, die genau vorausgeplant sein müssen: Ist die Decke stark genug, um den schweren Ofen zu tragen? Darf eine tragende Wand für den Heizeinsatz durchbrochen werden? Ist genügend Zuluft vorhanden oder muß ein eigener Frischluftkanal gelegt werden? Sind alle Fragen, auch die feuerpolizeilichen, geklärt, können Sie mit dem Einbau beginnen.

Warmluftkachelofen als Teil des Wandaufbaus

Materialkunde Ofentypen

17

1

2

3

Der Grundofen

Der klassische Grundofen, ein an Ort und Stelle aus keramischem Material aufgebauter und mit gemauerten Rauchzügen ausgestatteter Ofen, hat keinen Rost, keinen Aschenraum und keine Aschentür, sondern nur eine Fülltür. Das Brennmaterial wird direkt auf den Boden des Feuerraumes, den „Grund" gelegt. Das ist ideal für die Verbrennung von Holz, und dafür ist der Grundofen auch gedacht. Denn Holz verbrennt am wirtschaftlichsten ohne Zuluft von unten, weil dadurch der Abbrand verlangsamt wird. Ein weiteres wichtiges Merkmal des Grundofens ist, daß er seine Wärme nicht über Konvektionsschächte, sondern nur als Strahlungswärme über seine Kacheloberfläche an die Umgebung abgibt. Variationen des echten Grundofens sind, wie schon angesprochen, die Ausführungen mit gußeisernem Ofenrost, mit Aschenraum, Aschenkasten und Aschentür mit regelbarer Zuluft von unten.

Auch das Innere dieser Öfen – vom Feuerraum über die Abgaszüge bis hin zur Innenauskleidung der Kachelwände – ist aus Schamottesteinen und Schamotteplatten gebaut. Dieses feuerfeste Material zeichnet sich durch eine sehr große Wärmespeicherfähigkeit aus. Und je dicker die Schamotteschicht ist, desto mehr Wärme kann gespeichert werden. Aufgrund dieser Bauart braucht ein Kachelgrundofen natürlich auch eine gewisse Zeit nach dem Anheizen, bis er spürbar seine Wärme abgibt. Sehr schwere Ausführungen benötigen oft zwei bis drei Stunden Aufheizzeit. Dann können sie aber die gespeicherte Wärme über einen sehr langen Zeitraum gleichmäßig wieder abgeben.

1.–3. Die Abbildungen zeigen verschiedene Arten, einen Grundofen zu verkleiden.

Die Vorteile selbstgebauter Kamine

Ganz egal, ob man sich für einen offenen Kamin, einen Kaminofen, einen Kachelgrundofen oder einen Warmluft-Kachelofen entscheidet, alle diese Ofentypen kann man selbst aufstellen. Die Hersteller bieten eine große Zahl von Zubehörteilen an, von Heizeinsätzen bis hin zu kompletten Bausätzen. Diese Bausätze sind von Fachleuten konstruiert, mit industrieller Präzision gefertigt und bestehen meist aus nur wenigen Teilen, die im Baukastensystem nur noch zusammengesetzt werden müssen. Das garantiert eine sehr gute Heizleistung und erlaubt eine individuelle Gestaltung der Form. Und viel Geld spart man obendrein!

1. So ist es dem versierten Selbstbauer sogar möglich, einen alten Kachelsatz zu erwerben, ihn zu renovieren und wieder zu einem neuen Kachelofen zusammenzusetzen.

2. Vor allem die freie Wahl der Form des Ofens, ihre Einbeziehung in die Architektur des Raumes, das langsame Aufbauen – all dies ist praktisch nur beim Selbstbau möglich. Nur der Selbstbauer kann es sich leisten, hier etwas wegzunehmen, dort noch etwas anzufügen, eine zusätzliche Konvektionsöffnung einzubauen, einen Wanddurchbruch zu schaffen, um auch den Raum nebenan zu heizen. Er kann Rücksicht nehmen auf die Besonderheiten des anderen Raumes und ihm durch eine entsprechende Gestaltung in wünschenswerter Weise gerecht werden.

3. Auch bei der Verwendung von vorgefertigten Heizeinsätzen ist es möglich, sogar ganz eigenwillige Sesselöfen für die Küche zu bauen – ganz ohne Kacheln, nur aus Schamottesteinen, die verputzt werden. Anhand dieser Beispiele hoffen wir, Sie von den Vorteilen des Selbstbauens überzeugt zu haben.

1

2

3

Materialkunde Ofentypen

19

1

2

3

4

Die gebräuchlisten Brennstoffe

Für das Befeuern von offenen Kaminen, Warmluftkachelöfen, Grundkachelöfen und Kaminöfen kommen vor allem zwei Brennstoffe zum Einsatz: Holz und Kohle.

1. Zum Anheizen verwendet man sogenanntes Bündelholz, das aus Sägewerksabfällen hergestellt wird. Es besteht aus Weichhölzern und wird in einer Länge von 25–30 cm angeboten.

2. Als Feuerholz eignen sich sowohl Harthölzer als auch Weichhölzer. Weichholz verbrennt schneller, neigt zu starkem Heulen und knistert. Bei harzreichem Material wie Fichte und Kiefer ist besondere Vorsicht geboten, wenn man es für den offenen Kamin verwendet. Es läßt die Funken stieben. Sie sollten daher einen Funkenschutz aufstellen.

3. Eine besondere Form stellen die Holzbriketts dar, die aus Schreinereiabfällen produziert werden. Dabei werden Sägespäne mit Wasser zu einem Brei angerührt und mit einer Maschine zu wurstförmigen Briketts gepreßt. Holzbriketts bestehen zum größten Teil aus Weichhölzern und deren Rinden. Sie haben eine Länge von etwa 10 cm bei einem Durchmesser von 6 cm.

4. Braunkohlebriketts sind der meistverwendete feste Brennstoff in Haushalten. Sie sind grundsätzlich für jede Festbrennstoff-Feuerstelle geeignet. Öfen und Kamine ohne Ofenrost und Aschenkasten benötigen einen speziellen Kohlekorb als Einsatz für die Verwendung von Kohle als Heizmaterial. Denn Kohle braucht zur Verbrennung Luft von unten.

Steinkohle und Koks sind für die meisten Heizeinsätze nicht geeignet. Aufgrund der großen Hitze, die bei ihrer Verbrennung frei wird, können die Öfen zerstört werden. Verwenden Sie daher nur die vom Hersteller erlaubten Brennstoffe!

Die Lagerung der Brennstoffe

1

Was bei Flüssigbrennstoffen oder Gas relativ einfach ist, nämlich die Lagerung des Brennstoffes, wird bei Festbrennstoffen oft zum Problem. Der Materialbedarf eines Kachelofens oder Kamins ist enorm.

1. Als Anheizholz brauchen Sie etwa ein Zehntel der Gesamtmenge. Dafür findet sich leicht ein Platz.

2. Für das Brennholz – wenn es noch feucht ist – brauchen Sie unbedingt einen Platz im Freien. Am besten eignet sich die Südseite des Hauses.

3. Ist das Holz bereits trocken, können Sie es in einem Kellerraum lagern. Schichten Sie es auf. Die Holzmenge täuscht, wenn sie ungeordnet rumliegt. Wohnen Sie im Eigenheim – beiläufig bemerkt rentiert sich der Bau eines Ofens oder Kamins nur dort –, so werden Sie sicher genug Platz zur Lagerung finden.

4. Briketts, die zum Halten der Wärme über Nacht geeignet sind, werden gebündelt angeliefert und nehmen kaum Platz weg. Sie sind sogar wenig feuchtigkeitsempfindlich, können also in einer dunklen Kellerecke gelagert werden.

Ein Wort zum Arbeitsaufwand: Ofenfertiges Brennholz (auf die ofengerechte Länge geschnitten) ist etwa doppelt so teuer wie ungeschnittenes. Es erfordert viel Freizeit, das Holz zu schneiden, zu stapeln und ins Haus zu tragen. Unterschätzen Sie den Arbeitsaufwand nicht. Sie müssen sich Ihre gemütliche Wärme schon erarbeiten – meistens im Sommer, wenn kein Mensch ans Heizen denkt! Die Holzpreise fallen zudem regional sehr unterschiedlich aus.

Verheizen Sie in Ihrem Ofen oder Kamin nur die angeführten Brennstoffe, also keine Kunststoffe, Spanplatten (Formaldehyd) oder lasierte, lackierte Ware. Die Umwelt wird es Ihnen danken.

2

3

4

Materialkunde Brennstoffe

1

2

3

Brenner, Türen und Nachheizkästen

Offene Kamine erfreuen sich zunehmender Beliebtheit. Das liegt nicht zuletzt daran, daß ihr Wirkungsgrad durch moderne Technik erheblich verbessert wurde. Nicht mehr der alte, gemauerte Kamin ist gefragt – sein Wirkungsgrad liegt bei etwa 10 Prozent –, sondern der Kamin mit Gußeinsatz, der einen Wirkungsgrad bis zu 80 Prozent aufweist. Guß ist das ideale Material für alle offenen Feuerstätten. Er besitzt eine hohe Wärmeleitfähigkeit, ist unverwüstlich (außer durch Schlag und Bruch) und läßt sich in jede gewünschte Form gießen.

1. Der Feuerraum ist bei modernen Kamineinsätzen verschließbar, so daß der Kamin auch als reiner Ofen funktioniert. Die Primärluft strömt dann durch die Einsatzunterseite zum Feuer. Der Brenner steht auf einem Dreibeiner. Wackeln ist ausgeschlossen. Auf Grund des hohen Gewichts der Gußteile montieren Sie den Brenner vor Ort. Er wird einfach verschraubt, und Sie brauchen nur noch die Türen in die Scharniere einhängen. Auf der Rauchglocke befindet sich ein drehbarer Anschlußstutzen. Der Anschlußbereich erstreckt sich bei diesem Modell auf 180 Grad. Bei der Plazierung der Kaminanlage sind Sie also nicht festgelegt.

2. Die Einsätze werden mit vielerlei Dekor geliefert. Das Angebot erstreckt sich von kunstvoll bis kitschig. Denken Sie daran, daß der Kamineinsatz ummauert werden muß, und entscheiden Sie sich nicht für allzuviel verschiedene Muster. Entweder stellen Sie den dekorativen Einsatz in den Mittelpunkt oder die Ummauerung. Beides zusammen beißt sich meistens. An der Front dieses Kamineinsatzes sehen Sie die Einlaßöffnung für die Sekundärluft. Sie ist per Drehknopf regelbar. Rechts befindet sich die sogenannte „Kalte

Hand". Mit ihr führen Sie mehrere Arbeiten aus:
– Öffnen und Schließen der Türen;
– Bedienung der Rauchklappe;
– Bewegen des Drehrostes zum Entaschen des Brennraumes;
– Bedienung der Sekundärluftventile.

3. Viele Firmen bieten Kamineinsätze mit feuerfesten Glasfenstern an. Sie sind besonders jenen Kunden zu empfehlen, denen Sicherheit (Funkenabsprühung) und Sauberkeit über alles gehen. Hier verschwindet das prasselnde Kaminfeuer nicht hinter Gußtüren. Gut sind auch die verstellbaren Füße, die allerdings nur beim Vierbeiner notwendig sind. Auf diesen Kaminaufsatz ist eine Warmluftkammer aus verzinktem Stahlblech aufgesetzt. In der Mitte sehen Sie den Rauchgasstutzen, ringsherum vier Abgänge für die Warmluft. So können Sie mit Ihrem Kamin mehrere Räume heizen.

4. Das Angebot von Kamineinsätzen ist mittlerweile recht umfangreich. Es gibt auch ausgesprochen schlichte Formen. Ihr Wohnstil ist ausschlaggebend. Überlegen Sie sich den Kauf gut und denken Sie daran, daß Sie ja durch den Selbstbau viel Geld sparen. Tun Sie das aber nicht am falschen Platz, beim Kauf eines Kamineinsatzes, denn Qualität hat auch hier ihren Preis, und Sie müssen sich mit schlechter Ware jahrelang herumärgern. Lassen Sie sich in jedem Fall gut beraten und ziehen Sie Markenprodukte vor.

5. Der Warmluftofen (Konvektionsofen) ist der gebräuchlichste Kachelofentyp. Zum Bau benötigen Sie einen Heizeinsatz. Auch hier ist die Produktpalette inzwischen sehr reichhaltig, für den Laien schon verwirrend. Die Qualität der Heizeinsätze ist gut. Sie bestehen aus Guß und müssen für diesen Zweck mit einem Satz speziell angefertigter Schamottesteine ausgemauert werden. Reine Gußbrenner bilden die Ausnahme. Legen Sie Wert auf eine hohe Speicherkapazität, so ist dem ausgemauerten Typ der Vorzug zu geben. Dekor und Ausführung sind vielfältig. Auch hier hat Qualität ihren Preis. Vergleichen Sie die Dicke des Gußmaterials und die Stärke der Ausmauerung. Je dicker, desto besser.

4

5

6

Materialkunde Ofen- und Kaminzubehör

7

8

9

6. Fast alle Brenner haben eine Feuerungstür und eine Aschentür. Am Brennerboden befindet sich der Planrost, der bei manchen Firmen als Rüttelrost ausgebildet ist. Darunter befindet sich das Aschenfach mit dem Aschenkasten. Beide dürfen keinesfalls zu klein sein.

7. Der Wirkungsgrad eines Warmluftofens wird noch einmal um 20 Prozent gesteigert, wenn Sie einen Nachheizkasten am Brenner anschließen. Das sind Blechkästen aus 2 mm Blech (manchmal auch aus Guß, dann allerdings erheblich teurer), die eine Heizfläche von etwa eineinhalb Quadratmetern haben. Die Rauchgase werden durch Rauchrohre in den Kasten geleitet. Sie durchlaufen zuerst einen Fallzug und steigen dann zum Kamin hin auf. Sie benötigen also einen Doppelbogen für den Anschluß des Heizeinsatzes an den Nachheizkasten. Dieses Rohrstück ist ineinander verschiebbar, so daß der Abstand zwischen den beiden Bauteilen um circa 20 cm variiert werden kann. Ein zweites Stück brauchen Sie für den Kaminanschluß. Es ist je nach Höhe des Kaminloches verschieden. Den Abschluß bildet ein Einfachbogen, der in das Wandfutter gesteckt wird.

8. Falls der Kaminkehrer das wünscht, sollten Sie einen Bogen mit Türchen einbauen. Das Wand- oder Kaminfutter muß natürlich in der Größe zu Ihren Rauchrohren passen. Üblich sind folgende Maße: vom Brenner zum Nachheizkasten 180 mm, vom Nachheizkasten zum Kamin 160 mm. Das Kaminfutter ist doppelwandig aufgebaut. So ist es absolut gasdicht und das Anschlußrohr kann bei Erwärmung etwas in der Muffe arbeiten. Achten Sie beim Kauf darauf, daß Sie ein Wandfutter aus 2 mm Stahlblech erhalten.

9. Zu einem Warmluftofen (Konvektionsofen) gehören Luftgitter. Für die Ansaugluft am Boden genügt eine einfache Ausführung – falls überhaupt welche eingebaut werden müssen und nicht der Bogen im Sockel diese Funktion übernimmt. Sie müssen nicht regulierbar sein, denn ansaugen muß der Ofen in jedem Fall.

10. Anders die Warmluftgitter. Sie sollen in jedem Fall regulierbar sein. Das geschieht durch einen einfachen

Jalousienmechanismus. Mit seiner Hilfe können Sie den Warmluftstrom variieren. Sind mehrere Gitter im System eingebaut, so kann sogar die Richtung der warmen Luft bestimmt werden. Während der Aufheizphase des Ofens sind die Gitter geöffnet. Die vom Nachheizkasten aufgeheizte Luft erwärmt den Raum schnell über den Konvektionskreislauf. Haben sich Brenner und Kacheln dann erwärmt, ist es angenehmer, die Gitter zu schließen. Der Kachelofen gibt dann die Energie vornehmlich als Strahlungswärme ab. Auf dem Markt werden alle möglichen Luftgitter angeboten. Haben Sie eine Kachel mit kräftigem Dekor, so wählen Sie lieber ein einfaches Gitter.

11. Manchen Bauherrn stört die schwarze Brennerfront eines Warmluftofens. Besonders wenn der Brenner im Wohnraum zu bedienen ist, wirkt seine Front oft zu wuchtig. Kaufen Sie sich dann lieber einen Heizeinsatz mit glatter, einfacher Front. Er ist billiger. Das so gesparte Geld investieren Sie in den Kauf einer Fronttür. Sie muß so gebaut sein, daß sie zwar optisch den Brenner verdeckt, nicht aber die Wärmestrahlung und die Warmluft der Frontpartie mindert. Das Gitter muß luftdurchlässig sein. Auch hier wieder der Ratschlag: Achten Sie darauf, daß Ihr Ofen optisch nicht zu sperrig wird.

12. Für den Bau eines Grundofens brauchen Sie Feuergeschränke. Diese bestehen im einfachsten Fall aus einer Feuertür. Bauen Sie einen Rost ein, so benötigen Sie ein zweiteiliges Feuergeschränk. Es besteht aus Feuertür und Aschentür. Viele Firmen bieten inzwischen derartige Zubehörteile an. Die Preise weisen Unterschiede bis zu 200 Prozent auf. Vergleichen Sie gründlich. Viele Selbstbauer machen auch den Fehler, eine zu große Tür einzubauen. Sie denken sich, je größer die Öffnung, desto größer können die Holzscheite sein. Diese Rechnung geht nur bedingt auf, denn Holzscheite haben Gewicht, und was hilft Ihnen ein großes Stück, wenn Sie es beim Einheizen nicht mehr halten können und Sie sich die Finger verbrennen. Die abgebildete Tür hat einen Durchmesser von circa 25 cm. Das genügt in der Regel.

10

11

12

Materialkunde Ofen- und Kaminzubehör

1

2

3

Nützliche Hilfsmittel für den Ofenbau

Es ist schon eine herrliche Sache, sich seinen Ofen oder Kamin selbst aufzubauen. Man spart dabei viel Geld und kann die Form ganz nach dem eigenen Geschmack und der Einrichtung gestalten.

Trotz alledem gibt es noch viele Kniffe und Tricks für den Aufbau von Grundöfen, Konvektionsöfen und offenen Kaminen, die Sie in den Grundkursen und Arbeitsanleitungen dieses Buches beschrieben finden. In ihnen resümieren sich Erfahrungswerte, die dem Heimwerker zur Erleichterung der Arbeit vermittelt werden sollen. Dazu zählt auch das Wissen um die unentbehrlichen Hilfsmittel für den Ofenbauer.

1. Da wären beispielsweise die Holzkeile, von denen es eine besondere Ausführung für den Ofensetzer gibt. Diese Keile sind dicker als Fliesenlegerkeile. Beim Aufbau des Kachelmantels sind sie das wichtigste Hilfsmittel. Da die Ofenkacheln selten so maßgenau gefertigt sind, daß sie bis auf den Millimeter seitengleich sind, muß der Abstand von Kachel zu Kachel, von Kachelreihe zu Kachelreihe immer wieder ausgeglichen werden. Zudem müssen die Kachelabstände mit Hilfe der Holzkeile derart justiert werden, daß genügend Platz für die Fugenmasse bleibt.

2. Ein weiteres Hilfsmittel der Profis ist die Hafnerklammer aus Stahldraht. Damit können nicht nur die Kacheln und eventuell Schamottesteine untereinander verbunden werden, sondern sie kann auch anstelle von Schraubzwingen zur Ausrichtung der Kacheln entlang einer Latte eingesetzt werden.

3. Abschließend sei noch auf die richtigen Eimer und Mörtelwannen verwiesen. Diese Wannen ermöglichen das großzügige Durchmischen des Mörtels ebenso wie das Wässern großformatiger Schamottesteine.

Die wichtigsten Dämmstoffe

1

Der richtige Einsatz von Dämm- und Sperrmaterial beim Aufbau oder Einbau eines Ofens ermöglicht einen energiesparenden und damit kostensparenden Wärmeschutz. Dämmstoffe erlauben den Einbau eines Ofen oder Kamins auch dort, wo brennbare Baustoffe im Boden, in der Wand oder in der Decke verarbeitet wurden.

1. Für die Dämmung von Öfen und Kaminen kommen in erster Linie formstabile Mineralfaserplatten der Stärken 3 cm, 6 cm und 10 cm in Frage. Diese Platten gibt es in verschiedenen Formaten, auch für die Verwendung an Decken, Wänden und Böden. Je nach Vorschrift oder Anweisung des Ofenherstellers kann es auch notwendig sein, diese Dämmstoffplatten mit Alufolie zu kaschieren. Dafür nehmen Sie am besten Bau-Alufolie, die ab 0,1 mm Dicke erhältlich ist, und wickeln die Mineralfaserplatten darin ein.

2. Der große Vorteil der Mineralfaser ist ihre Unbrennbarkeit. Durch die vliesartige Verarbeitung zu Plattenware mit vielen winzigen Lufträumen dazwischen ergeben sich ausgezeichnete Isoliereigenschaften. Außerdem sind sie alterungsbeständig. Formstabile Mineralfaserplatten sacken im Laufe der Jahre nicht in sich zusammen, wie dies bei loser Dämmware der Fall sein kann.

3. Mineralfaserplatten sind zudem wasserabweisend, quellen also bei Wassereinwirkung nicht auf. Alle vorgenannten Eigenschaften des Dämmstoffes sind für die Isolierung von Öfen und Kaminen auch unbedingt notwendig. Trotz hoher Temperatureinwirkung bleiben die formstabilen Mineralfaserplatten unverändert in ihrer Position und schützen dahinterliegende Bauteile sicher und dauerhaft.

2

3

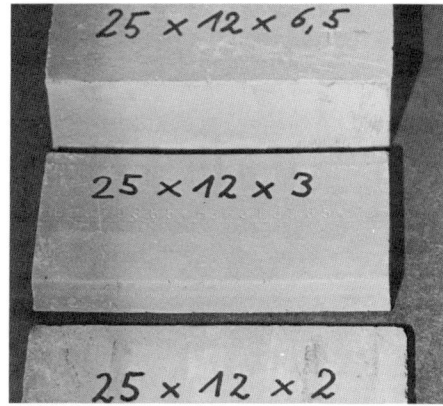

1

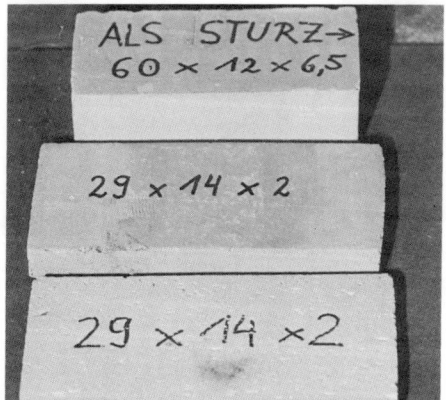

2

3

Die verschiedenen Schamottesteine

Schamotte wird von vielen Herstellern angeboten. Achten Sie beim Einkauf darauf, daß Sie keine Isolierschamotte erwerben. Ein Beispiel soll Ihnen die jeweilige Funktion der Schamottearten verdeutlichen. Bei Back- und Töpferöfen ist es wichtig, daß die Wärme im Ofen bleibt; die Ausfütterung muß isolieren. Bei Kachelöfen hingegen soll die Wärme an den Raum abgegeben werden; Isolationseigenschaften sind unerwünscht. Sie erkennen die unterschiedlichen Materialien am Gewicht: Ofenschamotte ist fast doppelt so schwer wie Isolierschamotte. Im Zweifelsfall sollten Sie einen Fachverkäufer fragen, der Ihnen gerne hierüber Auskunft gibt.

1. Schamotte gibt es in verschiedenen Größen und Stärken. Als Steine bezeichnet man Stärken über 4 cm. Das Format der Schamotteziegel entspricht dem alten Reichsformat. Sie sind also etwas größer als der Normalziegel. Bedenken Sie das beim Sockelbau. Fünfundzwanzig Zentimeter lange Platten erhalten Sie in Stärken von 3 cm und 2 cm. Bei der Ausfütterung des Ofens verwenden Sie in Glutnähe dicke Steine und verringern dann nach oben hin die Stärke.

2. Es werden auch größere Platten angeboten, sogar Stürze von 60 cm Länge. Das spröde Material ist jedoch sehr brüchig. Belasten können Sie einen solchen Sturz kaum.

3. Zur Unterteilung des Feuerraums und zur Ausmauerung von Zügen eignen sich Großplatten am besten. Auch hier sollten Sie wegen der Bruchgefahr Vorsicht walten lassen.

Noch ein Einkaufstip zum Schluß: Die Steine dürfen keine violette Verfärbung aufweisen. Das spricht für einen schlechten Brand.

Ofenkacheln, ihre Handelsformen und Formate

Ofenkacheln werden aus Ton hergestellt, dem Schamotte zugesetzt wird. Der Fachmann nennt das „gemagert". Man unterscheidet handgeformte und maschinengefertigte Kacheln.

Die handgeformten Kacheln werden mit Hilfe einer Gipsform, die man Model nennt, hergestellt. Bei solch einem Model handelt es sich oft um die Kopie einer schönen alten Kachel. Dazu wird eine Tonplatte in diesen Model eingelegt und mit dem Handballen fest eingedrückt, damit das Muster oder Relief des Models auch exakt auf den Ton übergeht. Dann wird die Form ganz mit Ton aufgefüllt, und die Tonstege werden auf dem Kachelrücken aufgebaut. Die Gipsform entzieht dem Ton Feuchtigkeit. Dadurch schrumpft die Tonmasse und die Rohkachel läßt sich aus der Form klopfen. Nun muß sie noch je nach Feuchtigkeit mindestens 14 Tage an der Luft trocknen. In dieser Zeit verliert sie durch Verdunstung 5 Prozent ihrer ursprünglichen Größe.

Anschließend erfolgt der Rohbrand. Auf die rohgebrannten Kacheln werden die Glasurfarben aufgebracht. Dabei handelt es sich um verschiedene Metalloxide, die in wässriger Lösung angerührt werden. Diese Suspension muß sehr gleichmäßig aufgerührt sein, wenn die Rohkachel eingetaucht wird. Der Ton bedeckt sich gleichmäßig mit dem Metalloxid. Natürlich darf das nur an der Vorderseite der Kachel geschehen; die Rückseite muß glasurfrei bleiben. Deshalb wendet man bei der Kachelherstellung meist die Schöpftechnik an. Mit einer Kelle wird die Glasur über die Kachel geschöpft. Auch am Kachelrand, wo später der Fugenmörtel sitzt, darf keine Glasur aufgebracht werden, da der Mörtel andernfalls nicht bindet. Sorg-

Eckausbildung beim Warmluftofen

Muldenkachel mit aufgemaltem Dekor

Muldenkachel mit Keramikdekor

Materialkunde Schamotte, Kacheln, Fliesen

Muldenkachel mit Randverzierung

Bemaltes Relief: Pflanze

Bemaltes Relief: Vogel

Muldenkachel glatt

fältige Töpfer wischen deshalb den Rand glasurfrei. Vor dem Glasurbrand muß die Kachel trocknen. Erst nach diesem Brand zeigt die Glasur ihre wahre Farbe.

Je tiefer die Kachel gezogen ist, desto größer ist ihre Oberfläche und damit die Fähigkeit, Wärme abzustrahlen. Die konkave Form wirkt zudem wie eine Linse für die infrarote Strahlung, allerdings nur für den Nahbereich. Rein physikalisch sind demnach Schüsselkacheln die besten.

Eckkacheln haben auf einer Seite die volle Breite, das Eck ist nur halb so lang. Das ist wichtig, wenn die Kacheln im Verbund gesetzt werden sollen. Legen Sie beim Kauf einige Kacheln auf dem Boden aus und prüfen Sie, ob das Dekor nicht zu unruhig wirkt. Ist das der Fall, so legen Sie einmal die Kacheln genau übereinander. Sie werden sehen, daß sich eine ganz andere Wirkung ergibt. Kaufen Sie also keinesfalls einen ganzen Kachelsatz nur nach Vorlage einer einzigen Musterkachel.

Wenn die Art des Setzens feststeht, wissen Sie, welche Kachelsorten Sie noch einkaufen müssen. Da gibt es halbe Platten für den Wandabschluß, doppelt halbe Ecken, Lüfterkacheln (mit und ohne herausnehmbaren Einsatz), Putzkacheln für den Grundofen, Linsenkacheln für die Ofenhaube, nach innen gewölbte bzw. nach außen gewölbte Kacheln und nicht zuletzt Simskacheln. Diese können vorspringen und damit den Ofen verbreitern oder nach innen versetzt sein und ihn verjüngen.

Der Abschlußsims ist meistens breiter als der Bodensims. Er gibt dem Ofen die abschließende Form und Proportion. Wird der Warmluftofen so aufgebaut, daß er in den Raum vorspringt (und das ist meistens der Fall), so deckt man ihn mit Keramikplatten ab, die mit derselben Glasur gebrannt wurden. Sie besitzen keine Stege mehr auf der Rückseite, sind aufgebaut wie Fliesen und müssen daher wesentlich billiger sein als die Normalkacheln.

Noch ein Wort zum Preis: Industriekacheln sind billiger als handgeschlagene, doch achten Sie bei beiden auf Qualität und Maßgenauigkeit.

Schüsselkachel

Schüsselkachel mit Eckverzierung

Schüsselkachel mit Eckverzierung

halbe Muldenkachel

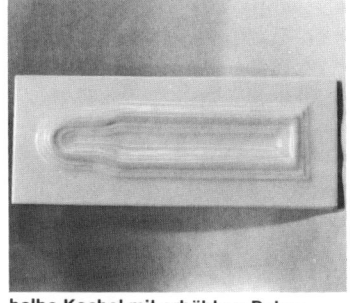

halbe Kachel mit erhöhtem Dekor

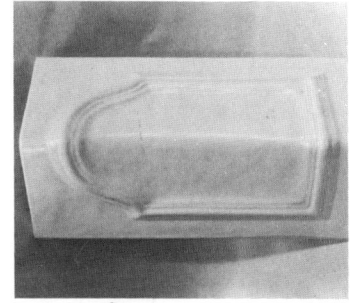

Eckkachel symmetrisch

abgerundetes Eck

Lüfterkachel

Lüfterkachel ohne Einsatz

Reduziersims

Ecksims mit Dekor

Schüsselkachel für Ofenhaube

Materialkunde Schamotte, Kacheln, Fliesen

1

2

3

Fliesen, ihre Handelsformen und Formate

Anspruchsvolle Wohnkultur ist heute viel persönlicher geworden, viel freier und selbständiger in den Einrichtungsideen. Keramik hat diesem Trend in den letzten Jahren wichtige Impulse gegeben.

1. Auch Natursteinplatten sind wieder sehr gefragt. Die Angebotspalette reicht von schmalen, strukturierten Riemchen bis hin zu Großformaten aus Naturstein wie Marmor, Schiefer, Granit usw.

Man unterscheidet zwischen Steingutfliesen, Ziegelfliesen, Cotto, Steinzeug, Glas- und Porzellanmosaik, Spaltplatten, Klinker, Kunststein und Naturstein. Alle diese Materialien können auf fast jeden Untergrund mittels spezieller Kleber und Mörtel aufgebracht werden. Gegebenenfalls empfiehlt sich die Vorbehandlung des Untergrunds mit Ausgleichsmassen, Grundieranstrichen etc.

Ein Wort zur Herstellung. Bei den keramischen Fliesen unterscheidet man zwei Arten: Steingut und Steinzeug. Steingut wird nur für Wandfliesen verwendet. Steinzeug kann als Boden- und Wand- bzw. Fassadenbelag eingesetzt werden. Der Unterschied beider Fliesenarten liegt in der Zusammensetzung des Grundmaterials.

2. Steingut besteht aus Ton, Kaolin, Quarz, Kreide und Kalk. Diese Masse wird mit Wasser angerührt, getrocknet und unter hohem Druck zu Fliesenrohlingen gepreßt. Diese werden anschließend bei circa 1200 Grad 60 Stunden lang gebrannt. Danach wird die Glasur aufgetragen und abermals gebrannt.

3. Steinzeug hingegen ist dichter und somit frostsicher. Die Inhaltsstoffe sind bei veränderter Zusammensetzung die gleichen. Durch Zuschlag von Feldspat wird Steinzeug wetterfest.

Die verschiedenen Mörtel und Putze

Für den Bau von offenen Feueranlagen und Öfen benötigt man verschiedene Mörtelsorten. Es besteht nämlich ein grundsätzlicher Unterschied darin, ob der Mörtel mit der Glut oder Flamme in Berührung kommt. Unter Flamme verstehen wir hier alle brennenden Gase sowie deren Oxidationsprodukte, also Rauchgase. Diese enthalten auch Wasserdampf, der mit den Oxiden der nichtmetallischen Brennstoffe Säuren bildet. Deshalb müssen die Mörtel säurefest sein, wenn Sie sie im Brennraum verwenden wollen.

Schamottemörtel wird als Fertigprodukt angeboten und erfüllt diese Anforderungen. Zum Ausmauern des Heizeinsatzes mit Schamottesteinen, zum Auskleiden des Kamineinsatzes mit Schamotteplatten, zum Bau von Grundöfen und zum Einmörteln eines Anschlusses an einen Schamottekamin (Fertigkamin) müssen Sie demnach Schamottemörtel verwenden. Er wird in 50 kg Gebinden angeboten und liegt im Preis etwas über den üblichen Fertigmörteln.

Man kann den Schamottemörtel etwas strekken. Das empfiehlt sich z. B. beim Füllen der Kacheln mit einem Schamottekern. Dazu brauchen Sie Quarzsand feiner Körnung und Schmelzzement (feuerfesten Zement). Diese beiden „Zutaten" werden im Verhältnis 3:1 trocken gemischt und dann dem Schamottemörtel beigemengt. So erhöhen Sie seine hydraulische Abbindefähigkeit. Mörtel braucht zum Abbinden viel Wasser. Sie müssen ihn feucht halten, bis er abgebunden hat. Vorher dürfen Sie auf keinen Fall den Ofen heizen! In kleinen Gebinden wird auch sogenannter „Feuerzement" angeboten. Wenn Sie allerdings die beim Ofenbau benötigte Menge in Rechnung stellen, ist es entschieden billiger, einen Zentner Schamottemörtel zu kaufen.

Kommen die Kacheln oder Schamottesteine nicht unmittelbar mit den Rauchgasen in Berührung, so muß der Mörtel auch nicht säurefest sein. Bei Warmluftöfen wird nur heiße Luft an der Kachel und Mörtelfuge vorbeigeführt. Insofern werden an den Mörtel weniger Ansprüche gestellt. Hier vor allem können Sie den Schamottemörtel mit Quarzsand und Normalzement – wie beschrieben – strecken. Der Untergrund muß aber in jedem Fall gewässert sein, damit der Mörtel gut abbindet.

Kacheln können auch nach einem modernen Verfahren mit Thermomörtel aufgesetzt werden. Dabei handelt es sich um einen dauerelastischen Binder, der nur für Warmluftöfen verwendet werden darf. Im direkt beheizten Ofen hat er nichts verloren! Sein Preis ist zudem recht hoch, so daß er nur für den Kompaktkachelbereich in Betracht kommt.

Der Sockel eines Warmluftofens oder Kamins ist keiner großen Wärmeeinwirkung ausgesetzt. Hier können Sie also normale Deckenbzw. Außenputze verwenden.

Aufgebracht werden Putze mit der Glättkelle. Die Putzoberfläche muß besonders behandelt werden. Die Behandlung richtet sich nach dem Material, aus dem der Putz besteht, und nach der Oberflächenwirkung, die man erzielen will. Sehr beliebt sind die sogenannten »Rauhputze«, weil sie die rustikale Wirkung eines Kachelofens unterstreichen. Bedenken Sie jedoch bei der Gestaltung Ihres Putzes, daß rauhe Flächen auch Staubfänger sind, und Staub gibt es bei offenem Feuer genug. Wählen Sie daher kein allzu rustikal-rauhes Muster.

Materialkunde Mörtel und Putze

So stellen Sie eine Materialliste zusammen

Wenn Sie sich für einen Ofen- bzw. Kamintyp entschieden haben, wenn geklärt ist, daß Sie diesen auch aufstellen und anschließen dürfen (Kaminkehrermeister fragen; Statik abklären), so sammeln Sie zunächst einmal Prospekte und holen Angebote ein. Eine Hilfe für den Start ist Ihnen der Bildquellen-Nachweis am Schluß dieses Buches. Lassen Sie sich Informationsmaterial von den Firmen schicken, gehen Sie zum Fachhandel und in die Fachabteilungen der Baumärkte und vergleichen Sie die Preise. Auch Messebesuche sind zu empfehlen. Besonders wenn Sie sich für einen kompletten Bausatz entschieden haben, sollten Sie die verschiedenen Typen der Firmen miteinander vergleichen. Die Technik ist nicht sehr unterschiedlich, denn schließlich handelt es sich um die älteste Art der Wärmeerzeugung in Wohnräumen.

Etwas komplizierter wird die Angelegenheit, wenn Sie einen Ofen oder Kamin selbst planen. Hier ist es unbedingt von Vorteil, sich eine Materialliste zusammenzustellen. Zunächst legen Sie die technischen Dinge fest. Darunter verstehen wir alles, was die Funktion Ihres Ofens garantiert. An erster Stelle stehen die Heizeinsätze. Sie werden in verschiedenen Leistungsstufen angeboten von 4 Kilowatt bis über 10 Kilowatt. Welche Brennergröße Sie benötigen, richtet sich nach dem Volumen des zu beheizenden Raumes und nach der Dämmung. Hier lassen Sie sich am besten vom Verkäufer beraten. Zum Brennereinsatz kommen noch einige Blechteile. Ermitteln Sie Ihren Rohrbedarf, wieviele Bögen Sie brauchen und welchen Nachheizkasten Sie anschließen. Er ist wiederum von der Größe des Heizeinsatzes abhängig. Ebenso benötigen Sie Frischluft und Warmluftgitter. Wie bei allen Blechteilen rentiert sich ein Preisvergleich; Unterschiede von 100 Prozent sind keine Seltenheit.

Haben Sie den Bedarf an „Technik" ermittelt und das für Sie preiswerteste (nicht billigste) Angebot eingeholt, kommt die vielleicht schwierigste Entscheidung auf Sie zu – die Wahl der Kacheln. Die Materialliste hilft Ihnen zwar nicht bei der Frage des Geschmacks, Anzahl und Art der Kacheln müssen Sie aber festlegen. Rechnen Sie immer eine Ersatzkachel jeden Typs dazu, zwei Reservekacheln schaden allerdings auch nicht. Wer weiß, ob Sie in ein paar Jahren, wenn einmal ein Eck abgestoßen wird, noch dieselbe Kachel vom selben Brand bekommen.

Unterscheiden Sie in Ihrer Liste zwischen Sims (Boden und Abschluß), Eckkachel (bei asymmetrischem Muster links und rechts verschieden), Lüfterkachel und normaler Platte (auch halbe Platte). Ihre Planskizze hilft Ihnen bei der Festlegung. Kaufen Sie die Kacheln bei einer Töpferei; gegebenenfalls wird Ihnen der Meister bei der Planung helfen.

Zum Schluß schreiben Sie den Materialbedarf für die Maurerarbeiten auf. Dies geht erst, wenn Ofengröße und -abmessungen feststehen. Damit Sie mit dem Sockelbau schnell vorankommen, sollten Sie sich nach den Steingrößen erkundigen. Das spart unnötige Arbeit mit dem Maurerhammer. Wenn Sie jetzt noch ganz ökonomisch vorgehen wollen, legen Sie sich auch noch die Reihenfolge des Einkaufs fest. Fragen Sie jedesmal, ob die Ware angeliefert werden kann, denn ein Heizeinsatz paßt nicht in jeden Kofferraum.

Materialbedarfsliste	Stück	Art	Händler A DM	Händler B DM
Technik				
– Heizeinsatz Kw				
– Nachheizkasten Gußeisen/Stahl				
– Rauchführungen				
Wandfutter				
Rohre				
Bögen 45° ...., 90°				
Doppelbogen für Nachheizkasten				
– Kohlekorb für Kohlebefeuerung				
– Schamottierungseinsatz				
– Nischenrahmen für Heizeinsatzeinbau				
– Luftgitter				
Kaltluftgitter + Rahmen				
Warmluftgitter + Rahmen				
Aluflexrohr				
– Warmhalteröhre				
– Kochgeschirr-Rost				
– Backblech				
– Griffe aus Messing (Sonderzubehör)				
Kacheln Modell				
– Tafelkacheln				
– Muldenkacheln				
– Eckkacheln				
– Simskacheln				
– Lüfterkacheln				
– Putzkacheln				
– Bodenfliesen				
– Wandfliesen, Riemchen				
Maurermaterial				
– Ziegel für Sockel				
– Sturz (Ziegelsturz, Betonsturz, Stahlprofil)				
Schamotte				
– Steine				
– Platten				
– Sturz				
Mörtel, Kleber, Fugenmassen				
– Säurefester Mörtel				
– Schmelzzement, Quarzsand, Sand				
– Klebemörtel				
– Fugenmasse				
Sonstiges				
– Keile				
– Hafnerdraht				
– Latten				

Materialbedarf

Die wichtigsten Werkzeuge

Auf diesen beiden Seiten finden Sie Kurzbeschreibungen der wichtigsten Werkzeuge, die Sie zum Bauen von Öfen und Kaminen benötigen. Welche Werkzeuge Sie für einzelne Arbeitsanleitungen brauchen, ersehen Sie aus den Abbildungen unter der Rubrik „Werkzeuge", die Sie bei allen Arbeitsanleitungen finden.

Werkzeuge zum Messen

1. **Zollstock:** Benötigen Sie bei fast allen Arbeitsgängen, wo es auf Genauigkeit ankommt.

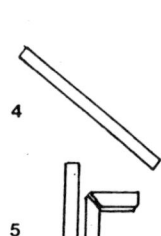

2. **Wasserwaage:** Zum Einmessen des Unterbodens in Verbindung mit einem Richtscheit oder einem langen geraden Brett benötigen Sie unbedingt eine Wasserwaage. Prüfen Sie die Wasserwaage auf Genauigkeit, indem Sie sie auf einem waagerechten Probestrich an der Wand in den beiden entgegengesetzten Richtungen anhalten.
3. **Bandmaß:** Zum Messen großer Abstände z. B. Fassadenbreiten und -höhen oder der Diagonalen von Wänden und Decken bestens geeignet.
4. **Richtscheit:** Zum Messen der Höhendifferenzen innerhalb der Verlegefläche beim Fliesenlegen (hierzu reicht auch notfalls, wenn nichts passendes zur Hand, ein gerades Brett).
5. **Winkelmaß:** Zum Anzeichnen rechter Winkel beim Ablängen von Latten und Brettern.

6. **Senklot:** Geeignet zum Bestimmen vertikal übereinander liegender Punkte und zum genauen Ausrichten von Mauerflächen als Maurerschnur zu verwenden.

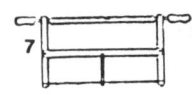

Werkzeuge zum Sägen und Schneiden

7. **Tischlersäge:** Zum Ablängen von Kanthölzern

8. **Fuchsschwanz:** Zum Schneiden von Dämmstoffplatten z. B. aus Hartschaum sowie zum Ablängen von Kanthölzern.

9. **Cuttermesser:** Sehr vielseitig bei allen möglichen Arbeiten einzusetzen, wo scharfe Kanten nötig sind.

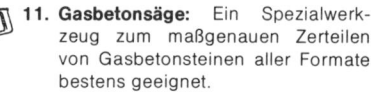

10. **Messer:** Zum Schneiden von Dämmstoffmatten und -filzen besonders praktisch.

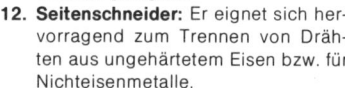

11. **Gasbetonsäge:** Ein Spezialwerkzeug zum maßgenauen Zerteilen von Gasbetonsteinen aller Formate bestens geeignet.

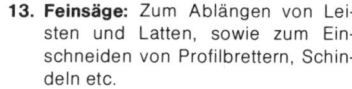

12. **Seitenschneider:** Er eignet sich hervorragend zum Trennen von Drähten aus ungehärtetem Eisen bzw. für Nichteisenmetalle.

13. **Feinsäge:** Zum Ablängen von Leisten und Latten, sowie zum Einschneiden von Profilbrettern, Schindeln etc.

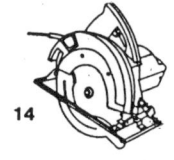

14. **Handkreissäge:** Zum Ablängen und Besäumen von Brettern.

Werkzeuge zum Befestigen

15. **Elektrobohrmaschine:** Zum Bohren von Löchern in Holz und Stein (Beton). Unbedingt erforderlich bei bestimmten Arbeiten, beim Fußbodenaufbau und bei der Befestigung von Scheuerleisten, Zierleisten, Abdeck-Profilen etc.

16. **Steinbohrer:** In Verbindung mit einer Schlagbohrmaschine zum Bohren in Stein und Beton (am besten mit Spitze aus Spezialstahl) erleichtert Ihnen die Arbeit.

17. **Holzbohrer:** Zum Bohren in Holz, am besten mit Zentrierspitze. Vorsicht: Holzbohrer nie für Stein oder Beton benützen, dafür ist er nicht geeignet.
18. **Schraubenzieher:** Sollten Sie in größerer Anzahl immer griffbereit haben für verschiedene Schraubengrößen passend.
19. **Maurerhammer:** Ein Spezialhammer für Maurer, zum Zurechtrücken und -klopfen von Steinen aller Art.

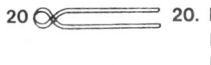

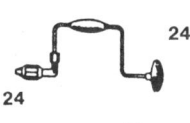

20. **Doppelgelenkzange:** Besonders praktisch zum maßgenauen Abtrennen von gehärtetem Draht, z. B. Hafnerdraht und -klammern.

21. **Flachzange:** Sie ist besonders praktisch zum Biegen von Hafnerklammern, die beim Ofenbau unerläßlich sind.

22. **Hammer:** Schreinerhammer, nicht zu schwer: bis zu 500 gr.

23. **Tacker:** Erforderlich und nützlich bei vielen Arbeitsgängen, zum Befestigen von Dämmstoffplatten (auch für provisorische Befestigungen).

24. **Bohrwinde:** Eine einfache Bohrwinde eignet sich hervorragend zum Bohren von Löchern in hartes und weiches Holz. Ein ständiges Ummontieren von Steinbohrern und Holzbohrern kann durch die Verwendung einer Bohrwinde umgangen werden.

Werkzeuge zur Oberflächenbehandlung

25. **Schwamm:** Er ist recht nützlich zum Egalisieren überschüssiger Anstrichmittel und generell zum Säubern von Oberflächen.

26. **Zahnspachtel:** Zum Auftragen von Klebern beim vollflächigen Kleben von Fliesen. Die Zahnung muß sich nach den Angaben des Klebstoffherstellers richten.

27. **Anstreichrolle:** Zum gleichmäßigen Auftragen von Klebern.

28. **Mörtelwanne:** Sie dient zum Anmischen größerer Mörtelmengen, wie sie für den Ofen- und Kaminbau benötigt werden.

29. **Deckenbürste:** Eignet sich zum Bemalen und Anfeuchten größerer Flächen.

30. **Winkelschleifer:** Zum Ablängen und Bearbeiten von Schamottesteinen, Stahlprofilen sowie für großflächige Schleifarbeiten, die per Hand große Mühe machen würden.

31. **Wurzelbürste:** Zum Reinigen verschmutzter Oberflächen, z. B. alter Kacheln, Sichtmauerwerk, Schamottesteinen, Bodenfliesen etc. besonders geeignet.

32. **Schraubenschlüssel:** Ein praktisches Werkzeug zum Justieren von Maschinenmuttern und -schrauben an Öfen und Kaminen.

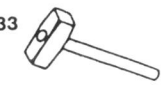

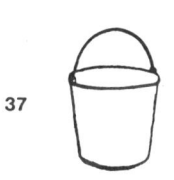

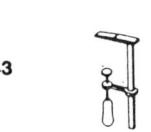

Zusätzliche Werkzeuge

33. **Fäustel:** Einen Fäustel (oder einen anderen schweren Hammer) benötigen Sie immer dort, wo grobe Vorarbeiten (entfernen von Mörtelresten, Durchbrechen einer Mauer uw.) notwendig sind.

34. **Meißel:** Zum Entfernen von Mörtelrest auf dem Unterboden, zum Anstemmen von Balkenlöchern, zum Vorbereiten der Stufenkanten von Steintreppen, für die Verlegung von Teppichboden, erleichtert ein Meißel die Vorarbeiten.

35. **Glättkelle:** Zum Ausgleichen unebener Unterböden mit Ausgleichspachtel oder Fließestrich.

36. **Maurerkelle:** Bei vielen Vorarbeiten, insbesondere bei Estricharbeiten benötigen Sie eine Maurerkelle und zum Mauern eines Ofensockels etc.

37. **Eimer:** Zum Anmachen von Fließestrich, Spachtelmasse, pulverförmigen Klebern, usw. Der Eimer sollte einen kräftigen Henkel und einen verstärkten Rand haben.

38. **Spachtel:** Zum Auftragen und Glätten von Spachtelmasse beim Ausgleichen unebener Unterböden, zum Entfernen alter Lack- und Pflegemittelreste auf Unterböden, zum Reinigen alter Kacheln.

39. **Gipsschale:** Sie eignet sich zum Anrühren von kleinen Mengen Gips, Mörtel, Klebemörtel etc.

40. **Gummihammer:** Er eignet sich sehr gut zum maßgenauen Ausrichten von Bausteinen, Fliesen und Schamottesteinen im Mörtelbett, da er eine schonendere Arbeitsweise ermöglicht als mit einem Maurerhammer.

41. **Auspreßpistole:** Zum Verfugen von Abschlüssen beim Fliesenverlegen mit Silikonkautschuk etc.

42. **Flachpinsel:** Zum Verstreichen des Mörtels beim Kachelofenbau.

43. **Schraubzwinge:** Häufig werden beim Sägen oder Befestigen von Profilbrettern Schraubzwingen eingesetzt. Man sollte hierbei darauf achten, daß es durch zu festes Anziehen der Schraube nicht zu Beschädigungen des Holzes kommt. Eine Unterlage aus Holz ist ratsam.

So rühren Sie den Mörtel richtig an

Beim Ofenbau kommt es natürlich auch auf die richtige Mörtelmischung an, denn zum einen ist die Oberfläche von Schamotte und der Kachelrückseiten relativ glatt, so daß sie im Gegensatz zu Ziegelsteinen dem Mörtel wenig Halt bietet, zum anderen wird der Kachel- oder Schamottesteinverbund ständig unterschiedlichen Temperaturen ausgesetzt. Durch die Wärmeausdehnung arbeitet die Steinmasse; der Mörtel zwischen den Steinen ist folglich besonderen Belastungen ausgesetzt. Außerdem ist für den Feuerraum ein spezieller Zement zu verwenden. Er muß Temperaturen bis über 700 Grad Celsius aushalten.

Schamottemörtel wird im Handel angeboten, ebenso Feuerzement, der meist ockerfarben ist. Beide sind nach Zumischung einer entsprechenden Menge Wasser verarbeitungsfähig. Die Produkte sind regional qualitativ verschieden. Weist der Fertigmörtel eine recht helle Färbung auf, so empfiehlt es sich, ihn durch Beimengung von Schmelzzement und Quarzsand zu verbessern. Dies geschieht im Verhältnis 3 : 1 – drei Teile Sand, ein Teil Zement. Mengen Sie aber nie mehr als ein Drittel der Gesamtmenge bei, der Mörtel zieht sonst zu schnell an und bildet Risse.

Quarzsand gibt es in zwei verschiedenen Körnungen. Die feine eignet sich für Arbeiten im Feuerraum und zum Setzen der Steine oder Kacheln. Mengen Sie diesen Sand, wie oben beschrieben, dem Schamottemörtel bei. Der grobe Quarzsand dient für Außenarbeiten, also beispielsweise zum Verputzen des Ofensockels oder des Kamins.

Dazu gleich ein Tip: Rauhputze sind zur Zeit sehr beliebt. Denken Sie aber vor dem Verputzen Ihres Kamins oder Ofensockels daran, daß überall dort, wo feste Brennstoffe verwendet werden, Aschenstaub, Ruß und Schmutz anfallen. Vermeiden Sie also eine allzu rustikale Oberfläche. Schließlich gewinnt Ihr Ofen auch optisch durch einen feineren Putz.

Ebenso ist es unnötig, für Ihre Maurerarbeiten Sand aus dem Kieswerk heimzuschleppen. Verwenden Sie den Quarzsand. Er ist preiswert, wird in Säcken von 50 Kilogramm angeboten und hat außerdem den Vorteil, daß er die Wärme wesentlich besser leitet als der Maurersand.

Zum Anmischen besorgen Sie sich am besten eine runde Mörtelwanne aus schwarzem Kunststoff im Baumarkt. Auch ein Mörtelrührer ist von Vorteil, da Schamottemörtel zäh werden soll wie Kuchenteig. Da brauchen Sie beim Mischen mit der Kelle ganz schön Kraft. Schütten Sie immer zuerst das Wasser in die Wanne. Ein halber Eimer voll genügt, andernfalls läßt sich der Mörtel schlecht durchmischen. Geben Sie zunächst reinen Schamottemörtel zu. Nicht zu viel auf einmal, sonst bilden sich Klumpen. Wenn Ihre Mischung die Konsistenz von Kuchenteig aufweist, können Sie mit dem Mauern beginnen. Wollen Sie den Mörtel mit Quarzsand und Schmelzzement (Feuerzement) strecken, so schütten Sie nochmals etwas Wasser zu und geben drei Teile Sand und einen Teil Binder in die Wanne. Wichtig ist, daß Sie zum richtig gemischten Fertigmörtel im Verhältnis 3 : 1 beimengen.

Ein weiterer Tip: Zum Mauern des Sockels mit Ziegelsteinen (Konvektionsofen) genügt normaler Mörtel. Hier können Sie also Maurersand mit Zement im Verhältnis 3 : 1 mischen.

So setzen Sie das Fundament für den Ofen

Kaminbau und Ofensetzen sind Vorhaben, die auch den versierten Heimwerker mit Schwierigkeiten konfrontieren. Planen Sie daher frühzeitig und erkundigen Sie sich, ob Sie an dem Ort Ihrer Wahl überhaupt einen Feststoffbrenner aufstellen und am Kamin anschließen dürfen. Für Fragen des Brandschutzes ist Ihr Kreiskaminkehrermeister zuständig. Hat dieser auch hinsichtlich der Beschaffenheit der Decken und Wände keine Bedenken, so klären Sie als nächstes die Frage der Statik. Es empfiehlt sich, einen Fachmann zu befragen.

Schon ein Kaminofen hat im ausschamottierten Zustand ein Gewicht von circa drei bis vier Zentnern, bei Kachelöfen und offenen Kaminen sind zwei oder drei Tonnen schnell erreicht. Dies gilt vor allem für ausgemauerte Öfen. Bedenken Sie, daß ein einziger Schamottestein normalen Formats bereits circa drei Kilogramm wiegt.

Bei Betondecken gibt es kaum Probleme. Achten Sie darauf, daß im Bereich des Ofenfundaments keine Fußbodenheizung verläuft; auch sollte unter dem Estrich kein weiches Dämmaterial (Styropor etc.) verlegt sein. Fragen Sie also den Architekten; besorgen Sie sich die Pläne (Verlegeplan Heizung) und informieren Sie sich eingehend, ob die Decke den geplanten Ofen oder Kamin tragen kann.

In manchen Altbauten mit Holzfußboden befindet sich im Erdgeschoß unter dem Riemenboden eine Betondecke. Mit Hilfe einer Stichsäge läßt sich der Holzboden leicht in der gewünschten Größe ausschneiden. Bedenken Sie, daß vor der Heiztür mindestens 40 cm feuerfestes Material verlegt werden muß. Falls Sie also vorhaben, das Fundament später zu fliesen, so berechnen Sie den Ausschnitt nach der Fliesengröße plus Fugenbreite und kalkulieren den Sicherheitsbereich mit ein.

Ein Beispiel: Wenn Sie von einer Ofenlänge von 110 cm und einem Brandschutz von 40 cm ausgehen, müssen Sie bei einer Fliesenlänge von 25 cm sechs Fliesen zuzüglich fünf Fugen veranschlagen. Der Ausschnitt wird bei einer Fugenbreite von 1 cm also 155 cm betragen.

Nun beginnen Sie, den Bereich für das Fundament auszusägen. Entweder bohren Sie für das Sägeblatt vor – mindestens 8 mm –, oder Sie wenden bei entsprechendem handwerklichen Geschick den sogenannten Taschenschnitt an. Achten Sie auf Nägel; ein Stichsägeblatt bricht schnell und könnte zu erheblichen Verletzungen führen!

Genauso gehen Sie vor, wenn sich unter dem Holzboden kein Beton befindet. Sie müssen hier allerdings so weit sägen, bis Sie zu einem Balken für das Auflager gelangt sind. Halten Sie sich bei der Größe des vorgesehenen Fundaments unbedingt an die Angaben des Architekten, Statikers oder Zimmerers! Er wird Ihnen sagen, bis zu welchem Balkenlager Sie zu sägen haben. Entfernen Sie die Nut- und Federbretter. In den meisten Altbauten treffen Sie nun auf die „Füllung" (deswegen „Füllboden"). Sie besteht in der Regel aus Sand. Schaufeln Sie so viel wie nötig heraus, passen Sie ein Brett ein, um ein Nachrutschen zu verhindern und säubern Sie die Öffnung. Vorsicht! Treten Sie nicht auf die nun freiliegenden Bretter. Sie sind meistens lose zwischen die Balken gelegt und sollten nur die Füllung halten. Es könnte sonst sein, daß Sie sich ein Stockwerk tiefer wiederfinden.

Grundkurs Fundament setzen, verkleiden

Nun beginnt die eigentliche Fundamentierungsarbeit. Soll die Bodenplatte die Masse des Ofens halten, so muß sie möglichst in einer Mauernut, die Sie noch stemmen müssen, und auf zwei Balken aufliegen. Ziel ist also eine Dreiseitenauflage. Stemmen Sie zunächst den Mauerschlitz. Eine halbe Ziegelbreite, also circa 5 cm, genügt, um den Scherdruck von oben abzufangen. Läuft in diesem Bereich ein Kamin, so stemmen Sie dort keine Fuge heraus. Kamine dürfen grundsätzlich nicht für statische Zwecke benutzt werden.

Für das Auflager ihrer Trägerplatte benötigen Sie zwei Lattenstücke in Länge des Ausschnittes. Es sollten stabile Latten sein (5 × 8 cm), die Sie an die Balkeninnenseite annageln. Lassen Sie die Unterkante der Latten mit der Unterkante der Balken bündig abschließen. Darauf legen Sie nun einen Bretterboden aus 2 cm starken Schalungsbrettern und schließen das Ganze zum Raum hin mit einem stehenden Brett ab. Damit die Platte nicht ins Untergeschoß durchbricht, muß sie über die Balken kragen. Riemchenhöhe reicht hier, Sie wollen den Sockel ja nicht in Sichtbeton stehenlassen, sondern werden ihn später zum Fußboden hin mit einer Reihe Fliesen abschließen.

Der Sockel ragt mindestens 5 cm über das Fußbodenniveau hinaus, gegebenenfalls mehr. Sie verschalen also auf drei Seiten in der gewünschten Höhe mit Hilfe von Latten oder Brettern. Legen Sie anschließend die Vertiefung mit Dachpappe sauber aus – am besten zweischichtig, um ein Durchsickern des Betons beim Ausgießen zu verhindern. Unbesandete Dachpappe reicht hier völlig aus.

Bringen Sie nun die Armierung an. Baustoffgeschäfte haben in der Regel genug Reste von Baustahlgewebe. Wichtig ist, daß der Stahl nicht unten auf den Brettern aufliegt. Er muß sich später mitten im Beton befinden. Damit die Platte nicht zwischen den beiden Balken abgeschert wird, sollte das Geflecht über die beiden Auflager hinausragen, mindestens aber von Balkenmitte zu Balkenmitte reichen. Sie erhöhen die Stabilität Ihrer Konstruktion, wenn Sie zwei oder drei Lagen Baustahlgewebe einpassen. Achten Sie aber darauf, daß der Stahl an keiner Stelle aufliegt. Legen Sie Abstandshalter oder aber kleine Ziegelstückchen unter – die sind billiger.

Mischen Sie nun ausreichend Beton an und geben Sie ruhig eine Schaufel Zement mehr als gewöhnlich in die Mischmaschine oder Mörtelwanne. Zum Verdichten des Betons benutzen Sie am besten Ihre Schlagbohrmaschine, die Sie an einer Stelle des Balkens aufsetzen. Die Vibrationen der Maschine lassen den Beton wunderbar auseinanderlaufen, wenn Sie ihn nicht zu trocken angemischt haben. Ziehen Sie die Platte zum Schluß mit einer Latte eben ab. Haben Sie die Schalung auf richtiger Höhe angebracht, so ist dieser Arbeitsgang ein Kinderspiel.

Jetzt muß der Beton nur noch ziehen. Eine Woche sollten Sie daher vor dem Weiterbau verstreichen lassen.

Ihr Sockel erfüllt bis jetzt vor allem statische Aufgaben. Soll er einen Konvektionsofen oder einen Grundofen tragen, so reicht es aus, wenn Sie ihn anschließend fliesen (siehe folgendes Kapitel). Seien Sie bei der Auswahl der Bodenfliesen vorsichtig und wählen Sie unauffällige, dezente Farben. Zweierlei Keramik bringt meist optische Probleme. Denken Sie daran, daß Ihr Kachelofen oder Ihr offener Kamin und nicht das Fundament primär ins Auge stechen soll.

Sollten Sie einen offenen Kamin auf dem Sockel aufmauern wollen, so müssen Sie noch einige Brandschutzmaßnahmen vor dem Weiterbau ergreifen. Der Schutz der Holzdecke unter dem offenen Kamin erfordert außer einer mindestens 6 cm dicken bewehrten Betonplatte eine Dämmschicht, die darüber angebracht werden muß. Verwenden Sie für diesen Zweck eine mindestens 10 cm dicke, formbeständige Mineralwollplatte der Klasse A 1 nach DIN 4102, Teil 1. Setzen Sie vorher an die Stirnseiten der Betonplatte eine Reihe Normalformat (NF) Ziegel oder Kalksandstein auf die schmale Längsseite. So erhalten Sie einen verputzfähigen Abschluß nach vorne, der die Mineralwolle um 2 cm überragt. Die so geschaffene Vertiefung füllen Sie mit einem Estrich aus Schamottemörtel, den Sie vorher etwas ge-

streckt angemischt haben (siehe S. 38). Vergessen Sie nicht die Öffnung für Frischluft und Asche freizulassen!

Nach dem Verputzen oder Fliesen ist das Fundament fertig, und Sie können mit dem Aufbau Ihres Bausatzes oder Ihres selbstgeplanten Kamins beginnen.

Noch ein Tip: Falls Sie die Möglichkeit haben, aus dem Raum unter dem Fundament Frischluft zuzuführen, sollten Sie diesen Vorteil unbedingt nutzen. Der Ofen ist dann nicht mehr auf die Raumluft des Kaminzimmers angewiesen. Vielmehr strömt ständig sauerstoffreiche Luft zu, die rasch erwärmt wird.

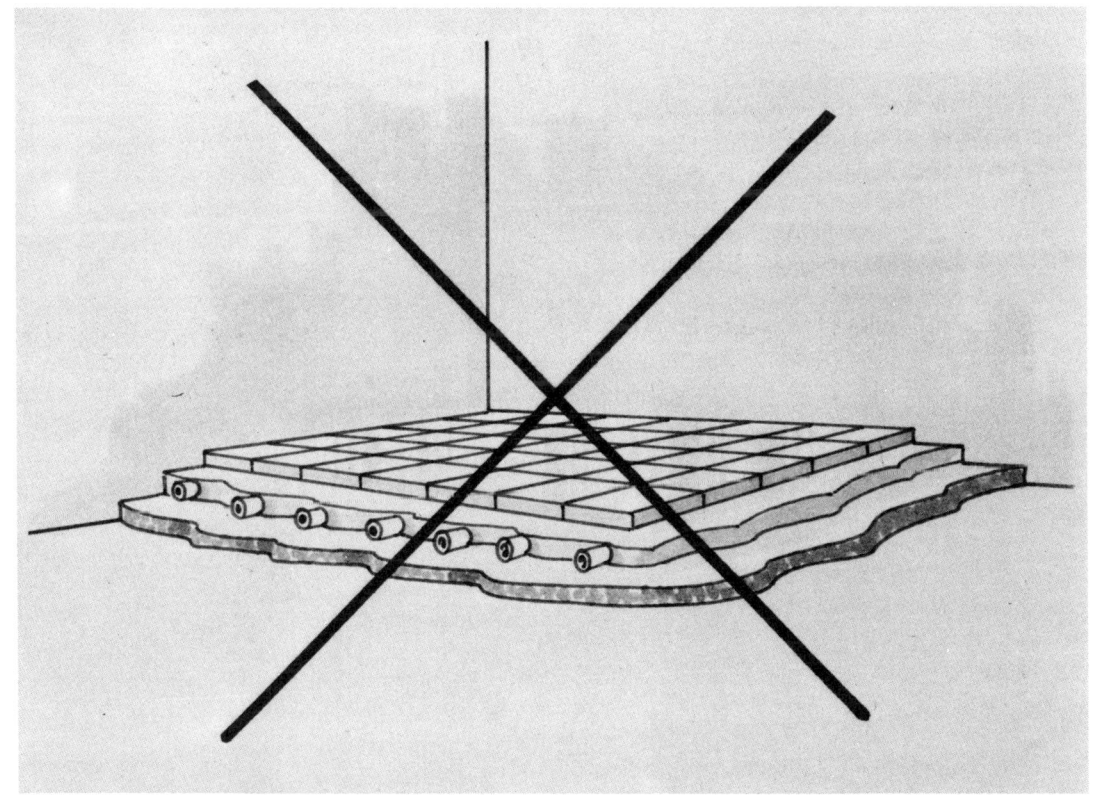

Im Bereich des Ofenfundaments darf keine Fußbodenheizung verlaufen

Grundkurs Fundament setzen, verkleiden

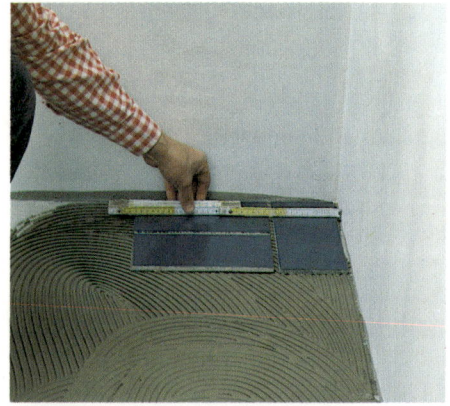

1

So fliesen Sie das Fundament

Bevor Sie ans Verlegen der Fliesen gehen, müssen Sie den Untergrund vorbereiten. Dieser muß eben, tragfähig und sauber sein.

So gehen sie vor: Sie mischen den Klebstoff unter kräftigem Rühren ins Wasser ein, bis ein pastoser Brei entsteht.

1. Beginnen Sie mit dem Verlegen in einer Ecke. Tragen Sie den Kleber mit einer Zahnkelle abschnittweise auf. Schieben Sie die ersten Fliesen gemäß einem Verlegemuster Ihrer Wahl ins Klebebett. Messen Sie den Abstand von der Wand zur Fliesenkante.

2. Übertragen Sie dieses Maß auf die andere Seite des Mörtelbetts. Drücken Sie hier im gemessenen Abstand eine Fliese in den Kleber. Ausgehend von den Fliesen in der Ecke spannen Sie eine Eckenschnur zu dieser Fliese. Nun können Sie die Fliesen entlang der Eckenschnur maßgenau verkleben. Achten Sie auf exakte Abstände. Als Hilfsmittel dazu eignen sich die im Handel erhältlichen Fliesenabstandskreuze. Die Fliesen unmittelbar an der Wand werden als letzte dieses Abschnittes eingepaßt.

3. So schiebt man Fliese für Fliese in das Klebstoffbett und klopft diese mit dem Gummihammer an. Schlagen Sie nur sehr vorsichtig auf die Fliesen, damit diese nicht brechen oder deren Oberfläche beschädigt wird. Das hier gezeigte Verlegemuster besteht aus sechs Fliesen. Sie wurden paarweise versetzt zueinander angeordnet. Ist der erste Fliesenabschnitt verklebt, wird der nächste mit Fliesenkleber beschichtet. Mit dem Verlegen beginnen Sie wieder an der Eckseite. Dann nehmen Sie wieder Maß usw.

Noch ein Tip: Achten Sie beim Klebemörtel auf die angegebene Verarbeitungszeit.

2

3

So verfugen Sie Klinker und Fliesen

1

Moderne Keramik verlangt farbige Fugen, denn zu den modernen, meist farbigen Fliesen paßt die eintönige weiße oder graue Verfugung nicht mehr. Die Palette bunter Fugenmörtel entspricht den Farbserien der Keramikindustrie. Sie eignen sich für glasierte, keramische Fliesen, glasiertes Mosaik und für Glasmosaik, wobei es unerheblich ist, ob es sich um Wand- oder Bodenbeläge handelt.

Mit dem Verfugen dürfen Sie erst beginnen, wenn der Fliesenkleber erhärtet ist. Als Richtwert sind drei Tage anzunehmen. Die Fugen sollten sauber, staubfrei und gleichmäßig tief sein. In die Fugen gedrückter Mörtel oder Klebstoff muß ausgekratzt werden. Jetzt können Sie den Fugenmörtel entsprechend der Gebrauchsanweisung anrühren.

1. Arbeiten Sie nun den Fugenmörtel mit einem Gummispachtel von unten nach oben – schräg zum Fugenverlauf – in die Fugen ein. Tragen Sie die Masse kreuzweise auf und füllen Sie die Fugen völlig aus.

2. Sobald der Mörtel in den Fugen matt wird, können Sie den Plattenbelag mit einem feuchten Schwamm reinigen. Arbeiten Sie auch mit dem Schwamm immer diagonal zu den Fugen. Sobald der Mörtel aus der Fuge nicht mehr auswaschbar ist, können Sie die Reinigung wiederholen. Mit einem trockenen Tuch polieren Sie dann den Belag nach. Die Arbeitsgeräte müssen nach Gebrauch sofort mit Wasser gereinigt werden. Der Belag ist am nächsten Tag nochmals gründlich nachzunässen. Dies ist besonders wichtig bei sehr saugfähigen Untergründen.

3. Das Verfugen von Klinker und Fliesen ist nicht besonders schwer und kann auch von Nichtfachleuten problemlos bewerkstelligt werden.

2

3

Grundkurs Fundament setzen, verkleiden

1

2

So bereiten Sie die Wand für Maurerarbeiten vor

Freistehende Öfen werden heutzutage nur noch selten gebaut. Meistens wird der offene Kamin oder Kachelofen mit einer oder zwei Seiten an die Wand angebaut. Diese muß zuvor vom Putz befreit werden. Reißen Sie die Außenmaße an der Wand an und geben Sie dort, wo die Steine oder Kacheln direkt anstehen, zwei Zentimeter zu, damit Sie später den Putz gut hinter die Steine streichen können.

1. Mit dem Maurerhammer schlagen Sie den Putz in „Über-Kachelbreite" von der Wand und schaffen so eine Art Verzahnung. Das ist eine ziemlich anstrengende Arbeit, die noch dazu ringsum durchgeführt werden muß. Gestrichene Wände sind sorgfältig vom Putz zu befreien.

2. Auf Farbe bindet kein Mörtel, schon gar nicht auf Dispersionsfarben. Diese sind besonders gründlich aus dem Nahbereich des Kamins zu entfernen, da sie sich bei Temperaturen um 60 Grad verfärben und abgasen. Arbeiten Sie in einem Altbau, so werden wohl größere Putzstücke von der Wand fallen. Schlagen Sie alle losen Stücke ab und verputzen Sie sorgfältig die gesamte Fläche.

Vor dem Einbau muß die Wand gründlich gewässert werden. Der alte Putz und die Ziegel ziehen sehr viel Wasser. Streichen Sie mit einer großen Malerbürste die Wand ein. Wiederholen Sie diesen Vorgang mehrmals, besonders kurz vor dem Mörtelauftrag – je feuchter desto besser. Gerade Schamottemörtel benötigt zum Abbinden viel Wasser. Eine trockene Wand entzieht dem Mörtel so viel Feuchtigkeit, daß er Risse bildet und nicht mehr richtig abbinden kann.

Es bewährt sich, den Schamotteputz mit einer Putznut von der Wand abzusetzen.

So bringen Sie das Wandfutter am Kamin an

Nachdem Sie sich vergewissert haben, daß Sie einen Feststoffbrenner an Ihrem Kamin anschließen dürfen, messen Sie die Höhe des Kaminloches genau aus. Gehen Sie dabei am besten vom tatsächlichen Maß aus und stecken Sie die Rauchgasrohre am Nachheizkasten an. Schieben Sie die Rohre richtig zusammen und messen Sie die Höhe des Bogens genau aus. Markieren Sie Ober- und Unterkante am Kamin, halten Sie das Wandfutter hin und reißen Sie das Maß an. Vergrößern Sie den Kreis um 2 bis 4 cm, um Platz für den Mörtel zu schaffen.

1. Bohren Sie nun mit der Maschine entlang des Kreises vor.

2. Stemmen Sie den Putz in Lochgröße heraus. Die Schlagrichtung sollte stets in die Lochmitte weisen, um zu verhindern, daß – besonders bei altem Putz – ganze Platten herausfallen.

3. Spätestens jetzt sehen Sie, ob es sich bei Ihrem Kamin um ein altes Exemplar aus Vollziegeln oder Klinkern handelt. Versuchen Sie nicht, möglichst große Brocken auf einmal herauszubrechen; Sie lockern so nur den ganzen Kaminverbund. Begnügen Sie sich mit kleineren Stücken und fangen Sie immer bei der Mörtelfuge zwischen zwei Ziegeln an zu stemmen. Der Meißel darf auf keinen Fall stumpf sein; zudem sollten Sie für die harten Klinker ein Gerät mit schmaler Schneide verwenden. Gut eignen sich für diesen Zweck Meißel für die Metallbearbeitung.

Die meisten Altbaukamine sind zweilagig gemauert. Haben Sie sich schon durch eine Lage durchgekämpft, so schlagen Sie vorsichtig weiter, damit die Steine in Lochnähe nicht unnötig gelockert werden.

4. Erweitern Sie das Loch so, daß die Buchse bequem

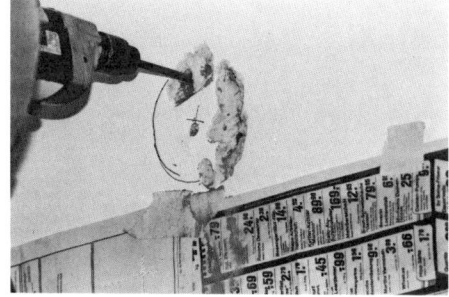

1

2

3

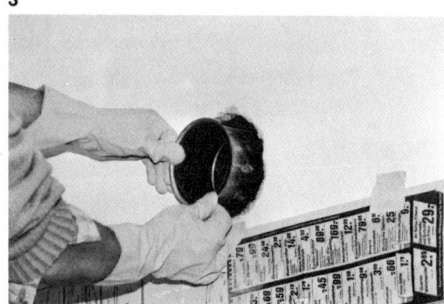

4

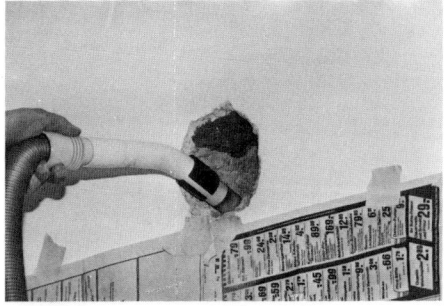

5

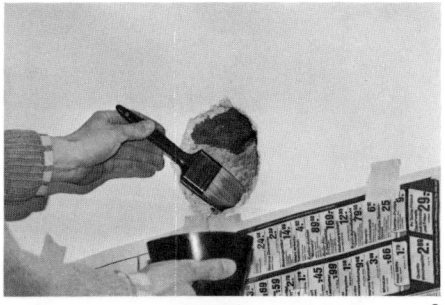

6

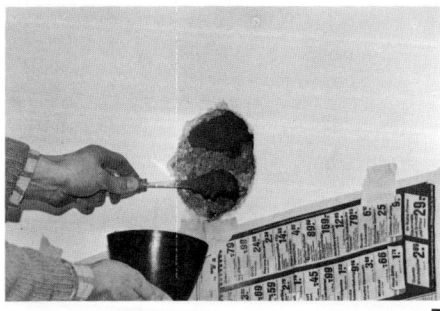

7

8

hineinpaßt. Links, rechts, oben und unten sollte ein Finger breit „Luft" sein.

5. Reinigen Sie die Öffnung gründlich von allem Staub und feuchten Sie das Mauerwerk mit einem Pinsel an, damit der Mörtel gut bindet.

6. Ziehen sie Gummihandschuhe an, nehmen Sie eine Hand voll Mörtel und streichen Sie damit die Öffnung ringsum aus. Hat der Mörtel die richtige Beschaffenheit, so haftet er auch an der Oberseite des Loches. Er sollte so zäh sein wie Kuchenteig. Verwenden Sie keinen Gips; der wird bloß brüchig und zieht außerdem zu schnell an. Feuerfester Mörtel, der im Handel fertig angeboten wird, eignet sich am besten.

7. Bedecken Sie den Boden der Öffnung dick mit Mörtel und geben Sie eine Portion auf das Wandfutter.

8. Schieben Sie die Buchse vorsichtig in die Öffnung und verkeilen Sie diese mit Ziegelbruch im Mauerwerk.

9. Beim Ausmörteln sollten Sie darauf achten, daß keine Hohlräume entstehen. Schieben Sie immer wieder Ziegelbruch ins Mörtelbett.

10. Um den Mörtel glatt zu streichen, ist ein Flachpinsel, der natürlich gut gewässert sein muß, bestens geeignet. Damit erhalten Sie auch einen nahtlosen Übergang zum alten Putz rings um die Dose.

11. Sitzt das Wandfutter fest, so nehmen Sie etwas Mörtel und streichen ihn von innen (kaminseitig) zwischen Blech und Mauerwerk. Wiederholen Sie dies so lange, bis Sie keine Hohlräume mehr ertasten können. Nehmen Sie sich dabei ruhig Zeit.

12. Mit Hilfe der Gummihandschuhe und etwas Fingerspitzengefühl dürfte das nicht zu schwer sein. Je sorgfältiger Sie hier arbeiten, desto besser wird später der Zug sein.

Etwas aufwendiger wird die Sache, wenn Sie sich Zugang zu einem modernen Kamin verschaffen müssen. Die meisten Systeme bestehen aus einem Formstein aus Fertigbeton. In der Mitte sitzt ein Schamotterohr, das ringsum mit Mineralwolle isoliert ist. Mit dem Stemmeisen dürfen Sie nur den Betonstein bearbeiten. Haben Sie das Loch gestemmt – meistens sind diese Steine nur circa 5 cm stark –, so sehen Sie schon die

Packung aus Mineralwolle. Zupfen Sie etwas davon heraus und stopfen Sie den Rest einfach zwischen Schamotte und Wandung. Der verbleibende Durchmesser sollte größer sein als die Rohrgröße. Der Zwischenraum wird später mit Mörtel aufgefüllt.

Das Schamotterohr muß nun Loch neben Loch aufgebohrt werden. Zeichnen Sie sich vorher die Rundung möglichst genau an. Auf dem ebenfalls runden Kaminrohr entsteht eine ellipsenförmige Öffnung. Am besten spannen Sie einen langen Mauerbohrer in Ihre Schlagbohrmaschine ein. Setzen Sie die Bohrungen möglichst eng nebeneinander, doch auch nicht zu knapp, sonst rutschen Sie immer wieder ins vorherige Loch zurück. Geduld! Üben Sie nicht zu viel Kraft aus; ein Schamotterohr platzt leichter als Sie denken. Weniger schweißtreibend ist die Angelegenheit mit Hilfe eines Bohrhammers; er läßt sich zudem exakter führen.

Haben Sie das Schamotterohr nun entlang der Linie durchlöchert, so schlagen Sie mit einem kleinen Hammer äußerst vorsichtig die Scheibe in der Mitte heraus. Sie kann ruhig im Kamin verschwinden; so sieht der Kaminkehrer wenigstens, daß Sie fachmännisch vorgegangen sind. Schlagen Sie jetzt behutsam die scharfen Kanten und Spitzen von der Rundung ab, versäubern Sie den Rand der Öffnung (mit einer alten Holzraspel) und passen Sie das Wandfutter ein. Beim Einmauern verfahren Sie wie oben beschrieben.

Dazu drücken Sie zunächst die Mineralwolledämmung ein paar Zentimeter zurück, damit der Mörtel mit dem Schamotterohr abbinden kann. Der Übergang von der Wandbuchse zum Kaminrohr muß sehr sorgfältig vermörtelt und später glattgestrichen werden. Jede vorspringende Mörtelnase beeinträchtigt nämlich den Zug. Falls Sie die Genehmigung des Kaminkehrermeisters haben, sich an einen bereits benutzten Kamin anzuschließen, versteht es sich, daß Sie diese Arbeit nicht während der Heizperiode durchführen können. Bevor Sie den Mörtel auftragen, sollten Sie das Schamotterohr gut anfeuchten; auch die Mineralwolle kann dabei ruhig naß werden. Zum Abbinden benötigt der Mörtel nämlich viel Feuchtigkeit.

9

10

11

12

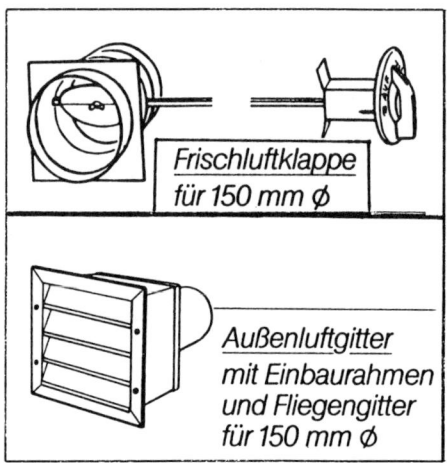

Frischluftklappe
für 150 mm ∅

Außenluftgitter
mit Einbaurahmen
und Fliegengitter
für 150 mm ∅

1

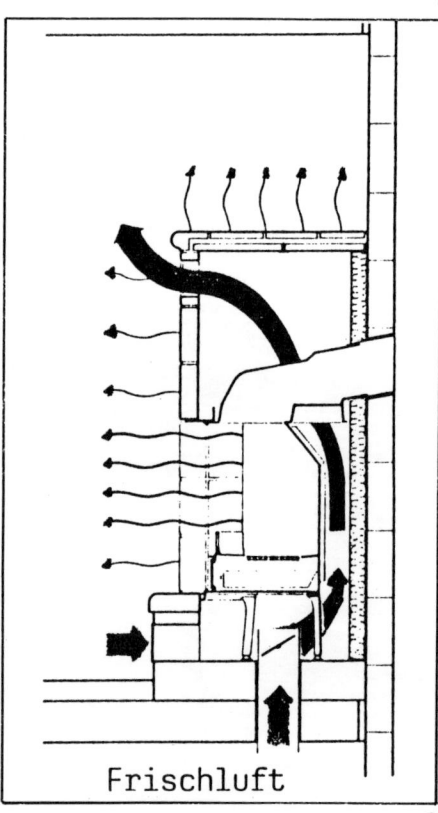

Frischluft

2

So legen Sie einen Frischluftkanal

Beim Heizen mit einer offenen Feuerstelle wird viel Luft aus dem Raum abgesogen. Ein offener Kamin normaler Größe verbraucht stündlich über 200 m³ Frischluft. Wo aber keine Luft nachströmen kann, entsteht Unterdruck. Die Folge ist leicht abzusehen: Die Rauchgase nehmen den umgekehrten Weg, der Kamin qualmt. Besonders in Bauten neueren Datums wurde auf Wärmedämmung viel Wert gelegt. Türen und Fenster schließen dicht ab, ein Luftaustausch durch Ritzen ist fast unmöglich geworden. Es ist also unbedingt nötig, einen Frischluftkanal zur Feuerstelle zu leiten.

1. Der Einbau eines Außenluftgitters mit Fliegenschutz an der Außenwand ist dabei ebenso zu empfehlen wie das Anbringen einer regelbaren Frischluftklappe an der Feuerstelle.

Bei einem Neubau erübrigen sich solche Einbauten. Die Frischluft wird entweder aus dem Keller zugeführt, oder der Architekt integriert den Kanal in die Betondecke. Im Handel werden auch Kaminsysteme mit Frischluftzufuhr angeboten. Sprechen Sie also rechtzeitig mit Ihrem Architekten, um zu einer preiswerten und technisch einwandfreien Lösung zu kommen, damit es später keine Probleme gibt.

2. Um den Wirkungsgrad Ihres offenen Kamins zu erhöhen, empfiehlt es sich, die Frischluft gleich doppelt zu nutzen und einen Konvektionskreislauf mit einzubauen. Der Vorteil liegt auf der Hand: Durch den ständigen Luftaustausch erhalten Sie ein gesundes Raumklima, und der Brennstoff wird besser verwertet.

Auch der nachträgliche Einbau einer Frischluftzufuhr bereitet dem geübten Heimwerker keine Schwierigkeiten. Verwenden Sie ein flexibles Aluminiumrohr. Es ist feuersicher, läßt sich auf jede Länge zwischen 1 m und 2,50 m dehnen und um Biegungen herumführen. Ein Querschnitt von 15 bis 20 cm ist je nach Größe der Feuerfläche ausreichend. Bei Unklarheiten fragen Sie bitte den Fachverkäufer.

3. Bei diesen Durchmessern empfiehlt es sich, das Zuleitungsrohr auf Putz vor der Wand zu verlegen. Sie können es dann später mit einem Sockel verkleiden, damit es sauber aussieht.

4. Stemmen Sie als erstes das Loch in die Außenmauer. Mit Hilfe eines langen Mauerbohrers und eines Bohrhammers (Schlagbohrmaschine) arbeiten Sie kreisförmig vor und stemmen dann die Öffnung mit Fäustel und Meißel weiter aus. Außenwände bestehen mindestens aus 36-iger Ziegeln; die Stemmarbeit wird also einige Zeit in Anspruch nehmen. Erweitern Sie die Öffnung, bis das Außenluftgitter mit etwas Spiel (links und rechts etwa einen Finger breit) hineinpaßt. Jetzt reinigen Sie das Loch von Ziegelstaub und Bruchstücken und feuchten das Mauerwerk gut an. Das geht mit einem Pinsel oder einer Blumenspritze ganz einfach, aber wirkungsvoll.

Zum Einputzen von Rohr und Klappe nehmen Sie Zementmörtel (1:3) oder Fertigmörtel. Streichen Sie zunächst die Öffnung ringsum mit Mörtel aus. Hier ist echte Handarbeit angesagt. Schützen Sie daher Ihre Haut mit Gummihandschuhen.

Verkeilen Sie Gitter und Rohr mit Ziegelbruch; auch Mineralwolle eignet sich recht gut hierfür. Verputzen Sie sauber! Vermeiden Sie Luftkammern, denn es handelt sich um die Außenwand, und Wärmedämmung ist erforderlich. Einen sauberen Übergang erhalten Sie, wenn Sie den Putz mit einem feuchten Pinsel verstreichen, dann ergeben sich keine häßlichen Überstände.

5. Kaminseitig führen Sie das Rohr unter den Aschenkasten und bauen dort die Frischluftklappe ein. Sie können die Frischluft nach vorne durch ein Luftgitter zuführen oder aber direkt hinter dem Aschenkasten unter den Feuerrost leiten, so daß der Schacht von außen nicht zu sehen ist.

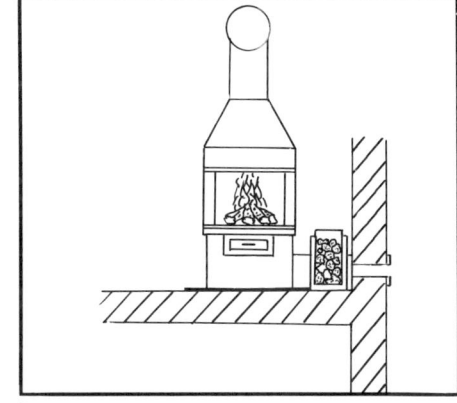

3

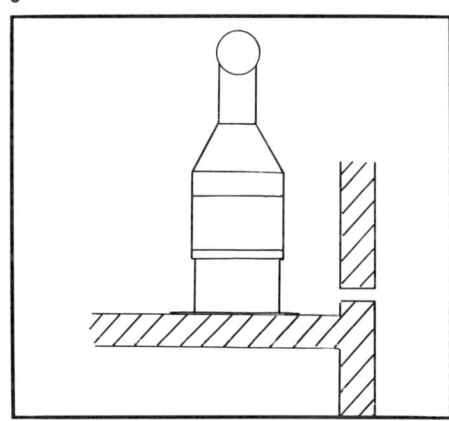

4

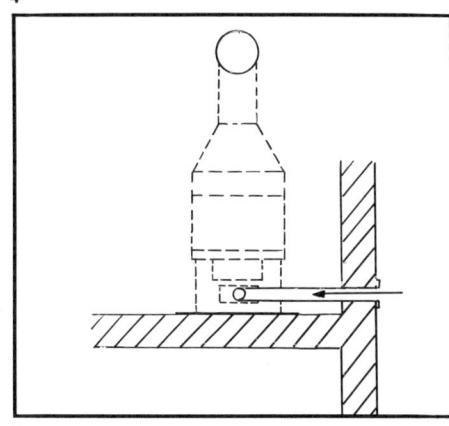

5

Grundkurs Ofen bauen

1

So planen Sie den Ofensockel

1. Öfen mit Brennereinsätzen, sogenannte Konvektionsöfen, haben in der Regel einen gemauerten Sockel, auf den die Kachelreihen aufgesetzt sind. Die Maße des Sockels hängen nun von mehreren Faktoren ab: von dem Kachelmaß, der Brennerhöhe, dem Nachheizkasten und der Höhe des Ofens.

Gehen Sie bei der Ofenbank von einer Sitzhöhe von 45 cm aus und berücksichtigen Sie dabei folgende Ziegelmaße:

– Ziegelmaß HF (Hochformat) 24 × 11,5 × 11,5
– Ziegelmaß NF (Normalformat) 24 × 6,5 × 6,5

Vier Lagen HF ergeben schon eine Höhe von circa 50 cm mit Mörtelfuge. Mauern Sie also drei HF-Lagen und eine NF-Lage, in die Sie gleich den Sturz oder gegebenenfalls auch mehrere für die Brennerauflage einbauen. Setzen Sie den Brenner nicht tiefer, denn so haben Sie die Feuertür in bequemer Füllhöhe.

2. Auf der Grundlage der Brenner- und Nachheizkastenmaße zeichnen Sie nun einen Grundrißplan. Skizzieren Sie zunächst die gewünschte Form, sofern Sie nicht durch einen Bausatz oder die vorgegebenen Abmessungen des Keramikers gebunden sind. Probieren Sie ruhig mehrere Möglichkeiten und legen Sie sich vor allem die erste Ziegellage an Ort und Stelle aus, um einen Eindruck von der Proportion des späteren Ofens zu erhalten. Der Sockel kann etwa 3 bis 5 cm über die Reihe der Sockelsimse hinausragen; dann schließt man ihn oben mit einer Hohlkehle ab. Probieren Sie, wie die Sockelsimse auf die erste Reihe passen. Denken Sie auch daran, daß noch eine Lage Putz aufgebracht wird.

Zwischen Kachelwand und Brenner muß ein Zwischenraum von circa 10 bis 12 cm bleiben.

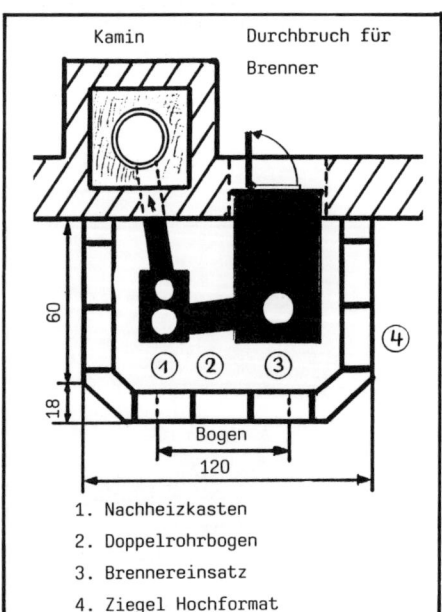

1. Nachheizkasten
2. Doppelrohrbogen
3. Brennereinsatz
4. Ziegel Hochformat

2

So mauern Sie einen Ofenbogen

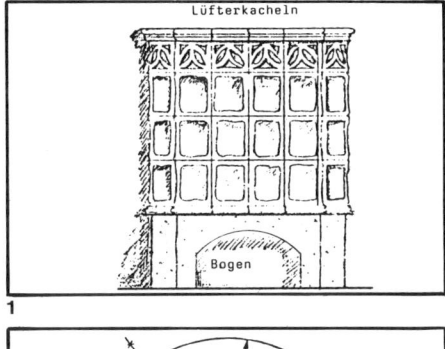

1

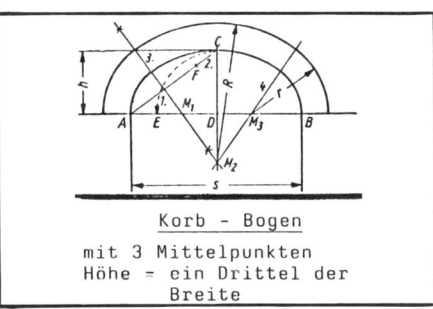

Korb - Bogen
mit 3 Mittelpunkten
Höhe = ein Drittel der Breite

2

Damit ein Konvektionsofen richtig funktioniert, muß er Kaltluft vom Boden des Raumes ansaugen und sie beim Vorbeistreichen am Brenner und am Nachheizkasten erwärmen. Zu diesem Zweck mauert man in den Ofensockel eine Luftansaugöffnung ein, gegebenenfalls auch zwei.

1. Bögen oder bogenähnliche Ausschnitte haben sich als Konvektionsöffnungen sehr bewährt. Wenn Sie den Sockel aus Leichtbausteinen mauern, können Sie den Bogen mit einer Lochsäge aus dem Block herausschneiden. Sie müssen allerdings einen Sturz über den Bogen legen, denn das poröse Material ist an der dünnsten Stelle kaum tragfähig. Nun bestimmen Sie Form und Größe.

2. Korbbögen wirken harmonischer als halbkreisförmige Ausschnitte. Zeichnen Sie den Bogen auf Pappkarton und schneiden Sie sich eine Schablone zurecht. Übertragen Sie nun die Maße des Bogens auf den Stein.

3. Beim Mauern eines Ziegelsockels behelfen Sie sich mit einem Blechstreifen in Ziegelbreite und mit einer Stärke von mindestens 1 mm. Die Länge richtet sich nach der späteren Bogengröße. Biegen Sie nun den Blechstreifen nach der Form der Schablone und schlagen Sie beide Enden nach innen um. Etwas Geduld ist für diese Biegearbeit schon notwendig.

4. Stellen Sie die Blechschablone in die Ziegellücke am Sockel. Nun läßt sich leicht ein formal ausgewogener Bogen mauern. Schlagen Sie überkragende Ziegel so zurecht, daß ein Raum von 2 bis 3 cm verbleibt. Diesen füllen Sie mit Zementmörtel und Bruch. Unterkeilen Sie die beiden Füße, um die Schablone später entfernen zu können.

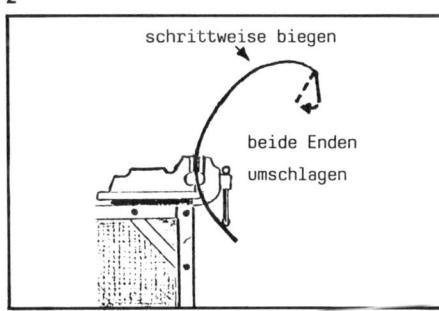

schrittweise biegen

beide Enden umschlagen

3

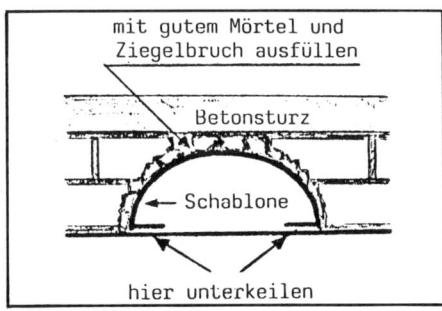

mit gutem Mörtel und Ziegelbruch ausfüllen

Betonsturz

Schablone

hier unterkeilen

4

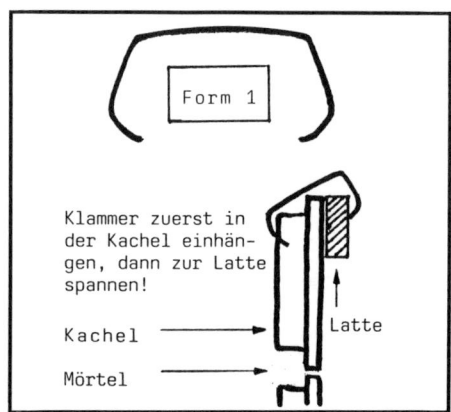

Klammer zuerst in
der Kachel einhän-
gen, dann zur Latte
spannen!

Kachel ⟶

Mörtel ⟶

Latte

1

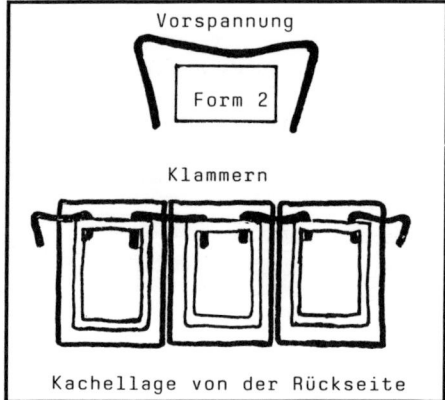

Vorspannung

Form 2

Klammern

Kachellage von der Rückseite

2

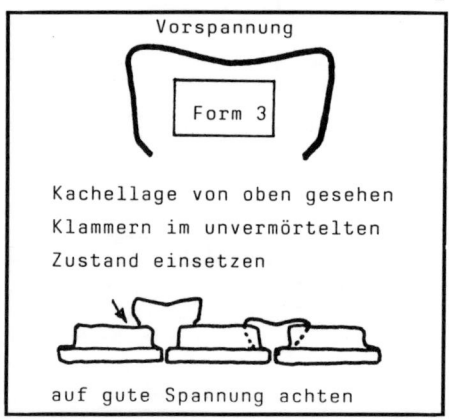

Vorspannung

Form 3

Kachellage von oben gesehen
Klammern im unvermörtelten
Zustand einsetzen

auf gute Spannung achten

3

So stellen Sie Hafnerklammern her

Hafnerklammern gibt es nicht zu kaufen, und das hat einen simplen Grund. Jede Kachel ist verschieden, besonders an den Stegen der Rückseite, wo die Klammern eingesetzt werden müssen. Es ergibt sich jedesmal ein anderes Maß, so daß Sie jede einzelne Klammer an der eingebauten Kachel messen, abzwicken und biegen müssen. Die ersten Klammern werden noch nicht so richtig auf Spannung sitzen, aber mit etwas Übung wird es Ihnen schon gelingen.

Besorgen Sie sich in der Eisenwarenhandlung Draht aus Federstahl mit 2 mm Durchmesser.

1. Üben Sie die Herstellung am besten bei den Halteklammern, die beim Aufbau die Kachel an die Latte drücken. Sie müssen nicht unbedingt paßgenau sein, außerdem kann nachgebogen werden. Zwicken Sie zunächst ein etwa 15 cm langes Stück von der Drahtrolle ab. Mit der Kombizange biegen Sie nun die beiden Enden so um, damit die Form 1 entsteht. Vorsicht, der Draht ist scharfkantig! Probieren Sie, ob die Klammer in Größe und Spannung zu Ihrer Kachel plus Latte paßt. Korrigieren Sie gegebenenfalls die Länge.

2. Bei der Form 2 – für die Löcher im Steg der Kacheln – verfahren Sie ebenso.

3. Damit Ihr Ofen länger hält, sollten Sie eine dritte Art von Klammer biegen, die unten an der Innenseite eingesetzt wird. Geben Sie den Klammern die erforderliche Vorspannung; so lassen sie sich leichter einsetzen und üben einen stärkeren Zug auf die Kachel aus. Jeder gemauerte Ofen muß geklammert werden, da die unterschiedliche Wärmeausdehnung den Verbund lockert. Innen herrschen Temperaturen von über 600 Grad, in der Außenhaut dagegen nur etwa 80 Grad Celsius.

So stellen Sie eine Kachelreihe zur Probe auf

Anders als beim Bausatzofen, bei dem die Kacheln mehr oder weniger nach Fliesenlegerart an einen Schamotteeinsatz »geklebt« werden, müssen sie beim aufgemauerten Ofen auf ein Mörtelband gesetzt und verklammert werden.

1. Zunächst legen Sie die Kacheln richtig aus. Hier sehen Sie eine Reihe für den Sockel eines klassischen Kachelofens – von links beginnend.

2. Achten Sie darauf, ob die Kacheln in der Größe auch zueinander passen. Legen Sie die Platten auf den Tisch und schließen Sie fugenfrei an. Messen Sie nicht nur Länge und Breite nach, sondern kontrollieren Sie auch diagonal und verschieben Sie so lange, bis beide Diagonalen gleich lang sind. So können Sie sicher sein, daß Sie diese Kachelreihe rechtwinklig setzen können. Jetzt schneiden Sie sich vier Dachlatten (2 cm × 5 cm) auf Längen- und Breitenmaß zu. Mit den Klammern (Form 1) ziehen Sie die Kacheln gegen die Latte und spannen sie fest. Erst die Klammer in die Kachel einhängen, mit dem Bauch gegenhalten, zum Körper ziehen und in die Latte einhängen.

3. Es ist klar, daß Sie zunächst bei den vier Eckkacheln beginnen. Steht dann der Rahmen, verfahren Sie mit den Platten ebenso. Manchmal passen die Platten nicht mehr ganz in den Zwischenraum, Sie müssen folglich den geklammerten Verbund etwas verschieben. Hierbei bewährt sich die Flexibilität der Klammern.

4. Ein weiterer Vorteil der Außenlatten besteht darin, daß Sie die Kacheln in eine Flucht, d. h. in Linie hintereinander bekommen. Die Reihe steht somit waagerecht. Überprüfen Sie abschließend, ob die Kacheln senkrecht stehen, und korrigieren Sie gegebenenfalls.

1

2

3

4

Grundkurs Ofen verkacheln

1

So bereiten Sie Schamotte und Kacheln vor

Schamottesteine benötigen Sie zum Ausfüttern des Feuerraums (Grundofen), zum Füllen der Kacheln mit einem Schamottekern und für den Aufbau eines Schamotteofens. Diese sogenannten Ofensteine werden in normierten Abmessungen geliefert. Sie sind bei hohen Temperaturen gebrannt und dementsprechend hart. Zum Zurechtschneiden genügt ein Winkelschleifer mit Steinscheibe. Setzen Sie zur Arbeit eine Schutzbrille auf, ebenso eine Staubschutzmaske, denn es fällt viel Schleifstaub an. Sie müssen also unbedingt im Freien arbeiten.

1. Beginnen Sie an der Vorderkante mit dem Schnitt und arbeiten Sie nur mit dem Eigengewicht der Maschine langsam und in wellenförmigen Vor- und Rückbewegungen nach hinten.

2

2. Damit der Schamotteverbund besser hält, schleifen Sie eine Art Rautenmuster in die Flächen, die mit Mörtel in Berührung kommen. Das geht nach Augenmaß, es reicht eine Tiefe von einem halben Zentimeter.

3. Mit der Schlagbohrmaschine bohren Sie nun die Löcher, in welche später die Klammern eingesetzt werden. Hier reicht eine Tiefe von einem Zentimeter. Es schadet auch nicht, tiefer zu bohren; so können Ihre Klammerecken etwas länger ausfallen. Setzen Sie den Bohrer etwa drei bis fünf Zentimeter vom Steinrand an. Es könnte sonst passieren, daß der Stein ausbricht. Gebohrt werden muß nur an der Oberkante des Steines, geschlitzt jedoch auf beiden Seiten. Verwenden Sie einen Bohrer mit 8 mm Stärke; dieser Lochdurchmesser reicht zum Klammern. Arbeiten Sie an einem Schamotteofen, müssen die Steine vor dem Einbau geschliffen werden. Das geht am besten mit dem Einhandwinkelschleifer, in den Sie eine Schleif-

3

scheibe zum Säubern von Schalungsbrettern einge-spannt haben. Vergessen Sie nicht den Gummiteller darunter. Ist einmal die harte Oberflächenschicht ab-geschliffen, läßt sich Schamotte sogar mit normalem Schleifpapier bearbeiten. Auch dieser Arbeitsgang sollte wieder vor dem Einbau erledigt werden. Verges-sen Sie nicht den Staubschutz!

4. Kurz vor dem Einbau müssen Kacheln und Scha-mottesteine in eine mit Wasser gefüllten Wanne gelegt werden. Sie sollen sich vollsaugen, damit sie genü-gend Feuchtigkeit für den Abbindevorgang enthalten. Werden Kacheln und Schamotte trocken eingebaut, kann der Mörtel nicht richtig abbinden und es gibt schon vor dem ersten Einheizen häßliche Risse, die sich später entsprechend ausweiten.

5. Falls Sie sich für einen Kachelofen entschieden ha-ben, sollten Sie vor dem Einbau auf folgende Punkte achten. Industriekacheln haben alle dasselbe Maß und auf Grund der großen Brennöfen der Fabrik auch die-selbe Glasur. Bausätze dürften also fast keine Unter-schiede in Farbe und Form der Kacheln aufweisen. Trotzdem sollten Sie alle Kacheln vor dem Einbau auf dem Fußboden auslegen und auf Vollständigkeit, Bruch und andere Beschädigungen überprüfen. Legen Sie alle Kacheln so auf den Fußboden, wie sie später eingebaut werden. Beginnen Sie mit dem Bodensims und legen Sie den »Ofen« bis zum Deckensims aus. Auch die Eckkacheln werden angelegt. Jetzt überprü-fen Sie Farbe und Abmessung. Bei der zuletzt ange-legten Reihe darf sich allenfalls eine minimale Höhen-differenz ergeben. Etwas Toleranz ist zulässig, aber keinesfalls Zentimeterbeträge.

6. Achten Sie ebenso auf gleiche Kachelbreite und denken Sie daran, daß sich Fehlmaße summieren. Lassen Sie nach der Überprüfung den Kachelsatz lie-gen und verarbeiten Sie ihn in der so vorgegebenen Reihenfolge. Nach dem Wässern versehen Sie die Kachel mit einem Schamottekern. Gießen Sie die Rückseite mit Mörtel aus und drücken Sie die Scha-motteplatte (2 cm) in den weichen Mörtel. Fahren Sie mit dem feuchten Pinsel über die Oberfläche.

4

5

6

Grundkurs Ofen verkacheln

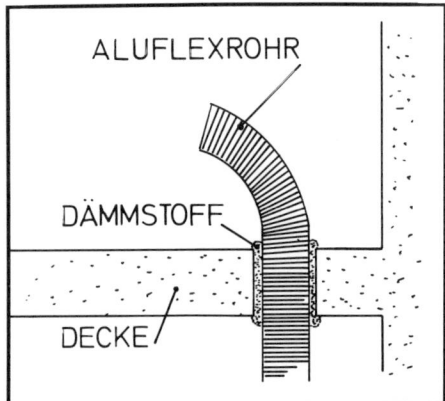

ALUFLEXROHR

DÄMMSTOFF

DECKE

1

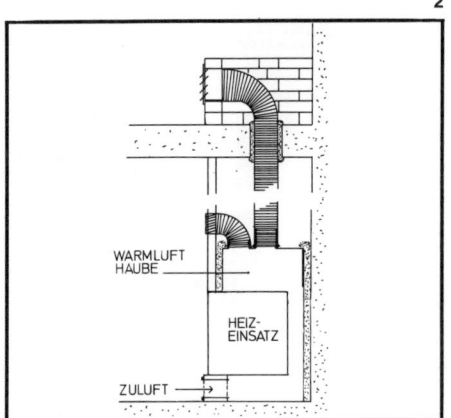

UMMAUERTER
WARMLUFTAUSTRITT
LÜFTUNGSGITTER

2

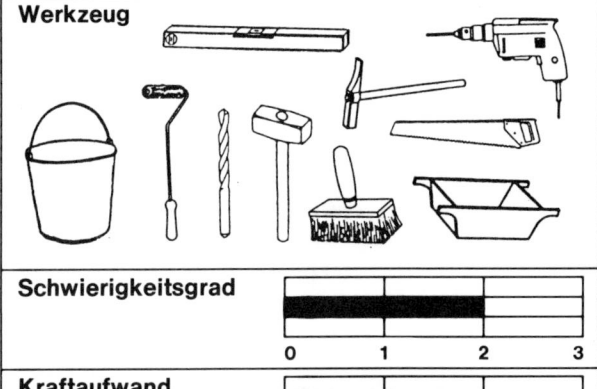

WARMLUFT
HAUBE

HEIZ-
EINSATZ

ZULUFT

3

So heizen Sie mehrere Etagen mit Warmluft

Material

Heizeinsatz mit Warmlufthaube, Frisch- und Warmluftgitter, Aluflexrohr (Länge nach Bedarf), Mineralfaserdämmstoff, Gasbetonsteine und Fertigmörtel je nach Vorhaben.

Werkzeug

Schwierigkeitsgrad

| 0 | 1 | 2 | 3 |

Kraftaufwand

| 0 | 1 | 2 | 3 |

Arbeitszeit

Mit Heizeinsatz benötigen Sie 4, ohne 2 Tage.

Ersparnis

Durch Ihre Eigenleistung können Sie bis zu 2000 DM sparen.

Wenn Sie einen offenen Kamin oder einen Warmluftkachelofen einbauen, dann haben Sie die großartige Möglichkeit mit dieser einen Feuerstelle auch die angrenzenden und darüberliegenden Räume zu heizen.

Arbeitsanleitung

1. Stemmen Sie ein Loch von 25 cm Durchmesser dort in die Decke, wo Sie das später durchgeführte Warmluftrohr am besten verdecken oder ummauern können. Zeichnen Sie dafür die gewünschte Stelle an der Decke an und bohren Sie genau in der Mitte ein Loch. Jetzt können Sie ins darüberliegende Zimmer gehen und dort weiterarbeiten. Um das Loch im Fußboden ziehen Sie einen Kreis und bohren Loch neben Loch entlang der Kreislinie durch die Decke. Nun können Sie mit Hammer und Meißel das vorgebohrte Stück durchstemmen. Führen Sie nun ein genügend langes Aluflexrohr von 18 cm Durchmesser von der Warmlufthaube aus so weit durch die Maueröffnung, daß Sie später daran das Lüftungsgitter anschließen können. Zwischen Rohr und Mauer füllen Sie Mineralfaserdämmstoff dicht ein. Stopfen Sie den Zwischenraum auch von unten her gut aus.

2. Jetzt können Sie ein kleines Podest um die Rohrdurchführung mauern und ein regelbares Lüftungsgitter darin einlassen. Diese Gitter gibt es mit Einbaustutzen. Darüber schieben Sie das Aluflexrohr.

3. Die Warmlufthaube über dem Heizeinsatz hat zwei und je nach Ausführung auch vier Warmluftöffnungen, so daß Sie

mit der erhitzten Luft zwei oder mehr Räume gleichzeitig mit Konvektionswärme versorgen können. Wählen Sie große Rohrquerschnitte, so wird viel Wärme abgegeben und zugleich eine unerwünscht hohe Luftaustrittsgeschwindigkeit vermieden.

4. Das Warmluftheizprinzip funktioniert folgendermaßen: Der Kamineinsatz steht in einem Hohlraum, der als Warmluftkammer dient. Die Luft strömt kalt vom Fußboden ein, erwärmt sich in der Kammer an den Rückwänden des Heizeinsatzes, steigt hoch und wird über die Warmluftaustritte gezielt in den Kaminraum und die angrenzenden Räume geleitet. Die lufttechnisch beste Lösung ist allerdings die Zufuhr von Außenluft in die Heizkammer. Dadurch entsteht ein Warmluftwechsel.

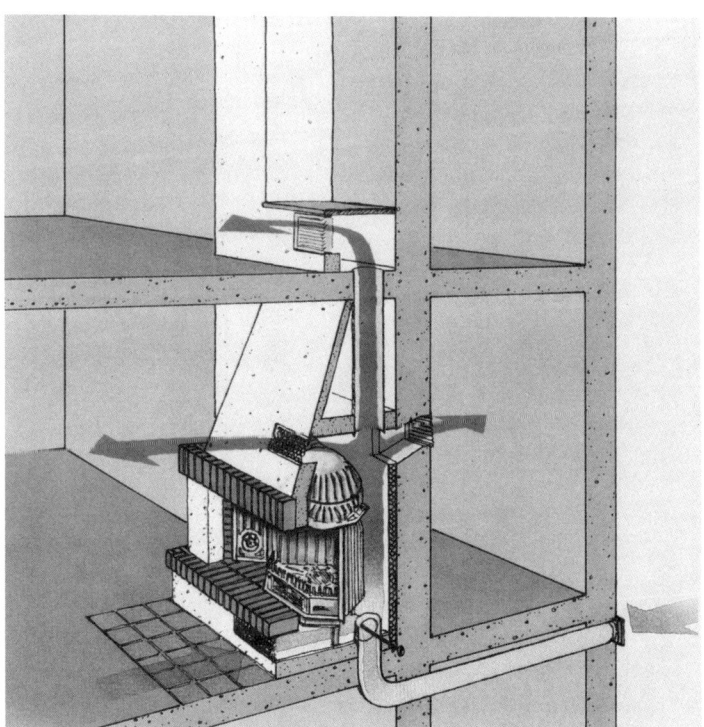

4

1

2

3

So dämmen Sie Ihr Kaminzimmer unterm Dach

Material

Dachlatten, Kanthölzer, alukaschierte Dämmatten, Aludichtklebeband, Gipsfaserplatten, Schrauben, Gipsbaunägel, Dübel, Spachtelmasse (Menge je nach Raumgröße).

Werkzeug

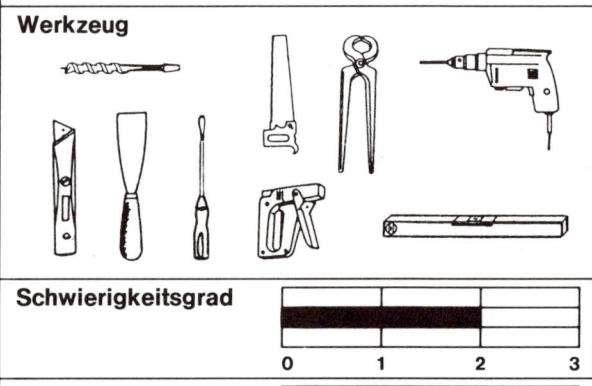

Schwierigkeitsgrad

0	1	2	3

Kraftaufwand

0	1	2	3

Arbeitszeit

Je nach Vorarbeit können Sie ca. 2 m² pro Stunde dämmen und verkleiden.

Ersparnis

Je nach Verkleidungsfläche können Sie bis zu 1000 DM durch Ihre Eigenleistung sparen.

Besonders das Dachgeschoß eignet sich sehr gut für den Ausbau als Kaminzimmer. Die schrägen Wände und die Form des Raumes vermitteln unweigerlich eine besonders behagliche, warme Atmosphäre. Ein Kamin oder Kaminofen würde diese wohlige Ausstrahlung sicher noch erheblich steigern. Wenn Sie also Ihr Dachgeschoß für diesen Zweck ausbauen wollen, sollten Sie viel Wert auf die richtige Dämmung legen. Dadurch sparen Sie viel Energie, mithin Geld, und der Raum läßt sich auch wesentlich schneller erwärmen.

Für den zügigen Ausbau des Dachgeschoßes mit Isoliermaterial bietet der Baustoffhandel eine große Palette von Dämmstoffen an. Fast alle sind auch für den Selbstausbau geeignet, und es bedarf keines überdurchschnittlichen Geschicks, um den Ausbau auch selbst durchführen zu können.

Arbeitsanleitung

Für die Dämmung des Dachgeschoßes eignen sich insbesondere Mineralfaserfilzmatten mit aufkaschierter Aluminiumfolie und beidseitig verstärkten Randleisten. Diese Randleisten dienen der Befestigung der Bahnen an den Sparren. Mit einem Handtacker gehen Sie dabei am schnellsten und leichtesten vor.

1. Zuerst müssen Sie jedoch die Unterkonstruktion entsprechend vorbereiten. Wenn Sie einen Kniestock erstellen wollen, so nehmen Sie für die senkrechte Tragekonstruktion kräftige Kanthölzer mit dem Mindestformat 60 × 60 mm. Dies sind die Anschlußhölzer. Zur Verkürzung der Dachschräge wird die Abseitenoder Drempelwand unter die Dachschräge gestellt. Das geht folgendermaßen: Längen Sie die Anschlußhölzer entsprechend dem Abstand vom Fußboden zu den Sparren ab und verschrauben Sie die Kanthölzer mit dem Fußboden. Bei Holzböden und Spanplatten genügen Schrauben; bei Betonböden und Betonestrich muß auch gedübelt werden. Die entsprechend der Dachneigung am oberen Ende abgeschrägten Hölzer werden fest mit den Dachsparren verschraubt. Notfalls kann man sich auch mit kleinen Blechwinkeln behelfen. Diese senkrecht montierten Anschlußhölzer werden nun wiederum durch eine Querlatte, die am

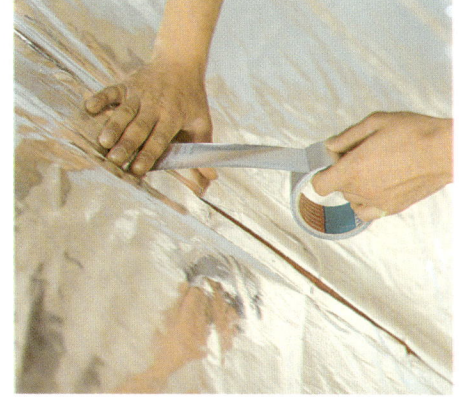

4

5

6

7

8

9

Boden befestigt ist, nach hinten zur Dachschräge hin zusätzlich fixiert.

2. Rollen Sie nun die mit Alufolie kaschierten Dämmstoffmatten aus. Nehmen Sie Maß zwischen den Sparren und schneiden Sie die Matten auf die benötigte Breite zu (2 cm Maßzugabe beachten).

Beginnen Sie mit der Mattenbefestigung an der Dekke. Schießen Sie die Matte links und rechts mit ein paar Klammern fest und arbeiten Sie sich auf diese Art weiter zur Dachschräge vor. Tackern Sie immer wieder links und rechts an.

3. Wichtig dabei ist, daß Sie die Dämmstoffbahn mit der freien Hand in Position zum Dachsparren bringen und straffen. Die andere Hand führt derweil den Takker in Arbeitsrichtung auf der Randleiste der Matte entlang und schießt Klammer für Klammer. Auf diese Weise werden alle Zwischenräume zwischen den Sparren Bahn für Bahn mit Dämmstoff verfüllt. Die Alufolie dient der Wärmestrahlungsreflexion. Sie ist zugleich eine Dampfsperre.

4. Die Stöße der sich überlappenden Randstreifen der Dämmstoffmatten werden mit einem dafür vorgesehenen Aluklebeband abgedichtet. Arbeiten Sie sehr sorgfältig, um Wasserdampfbildung auszuschließen. Mit dem Aluklebeband können Sie auch Löcher und Risse in den Alubahnen der Dämmatten überkleben, die möglicherweise beim Einbau oder Zuschneiden entstanden sind.

5. Auf die nun völlig gedämmten Dachwände werden daraufhin Querlatten vom Format 50 × 30 mm aufgebracht und an den Dachsparren sowie an den Kanthölzern der Drempelwand befestigt. Dazu längt man die Dachlatten entsprechend dem Raum ab.

6. Mit einem Holzbohrer (Durchmesser 4,5 mm) bohrt man die Latten über den Sparren vor.

7. Mit Holz-Senkkopfschrauben (Durchmesser 4 mm) werden die Latten angeschraubt. Gut geeignet dafür sind elektronisch geregelte Bohrmaschinen mit eingesetzter Schraubklinge.

8. Genauso gut können Sie die Querlattung auch annageln. Dann verwenden Sie am besten die besonders gut haltenden Ankernägel mit Rillung. Mit einem Hammer von 250 Gramm Gewicht geht diese Arbeit, auch über Kopf, zügig voran.

9. An besonders belasteten Stellen können Sie auch zwei Nägel, diagonal versetzt, durch die Lattung in die Dachsparren treiben.

10. Ist der ganze Raum mit dieser Art von Traglattung versehen, kann mit dem Verkleiden begonnen werden. Ganz einfach geht dies mit Gipsbauplatten, die im handlichen „Ein-Mann-Format" angeboten werden. Diese Platten sind vom Format und Gewicht her so beschaffen, daß sie wirklich von einer einzelnen Person verarbeitet werden können. Am besten beginnen Sie mit der Decke. Auch hier können Sie wahlweise nageln oder schrauben.

11. Für das Fixieren von Gipsbauplatten sind spezielle Nägel entwickelt worden, die leicht einzuschlagen sind, sicher halten und die Platten nicht zerstören.

12. Zügig wird so Platte für Platte verarbeitet. Zum Zuschneiden wird das gewünschte Maß angezeichnet und die Platte dann mit einem Teppichmesser angeritzt. Anschließend legt man eine Latte unter die Platte, entlang der Schneidelinie, bricht die Platte an und schneidet von der Rückseite her durch. Danach werden alle Fugen, Nagel- und Schraubstellen sauber verspachtelt. Die Wände können bemalt, tapeziert oder verputzt werden, ganz nach Belieben.

Der Boden ist schon verlegt, nun kann der Kamin oder Kaminofen aufgestellt werden. Dieses Kaminzimmer wird sicher einer der gemütlichsten und schönsten Plätze im Haus sein. Da kann man sich auf die langen Winterabende, wenn es draußen bitterkalt wird, so richtig freuen. Ein paar Scheite ins Feuer gelegt und gleich wird's ganz mollig warm – im ganzen Raum.

Noch ein Tip: Führen Sie Ihrem Kaminofen unterm Dach Frischluft aus dem Abseitenraum hinter der Drempelwand zu. Dafür brauchen Sie nur ein regelbares Zuluftgitter mit Ansaugstutzen, den Sie durch die Gipsbauplatten und die Isolierung führen müssen. Die Zuluftöffnung sollte sich direkt hinter der Feuerstelle befinden.

10

11

12

So stellen Sie einen Kaminofen selbst auf

Material
Kaminofen, Rauchrohre, Wandfutter, Bodenplatte oder keramischer Belag, Spezialmörtel, Fliesenkleber, Fugenmasse (Mengen je nach Bedarf).

Werkzeug

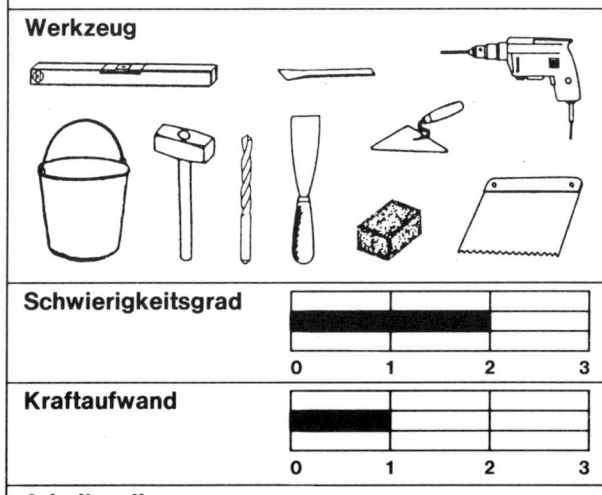

Schwierigkeitsgrad

0	1	2	3

Kraftaufwand

0	1	2	3

Arbeitszeit
Aufstellen auf einer Bodenplatte ca. 8 Stunden, auf keramischem Belag 15 Stunden.

Ersparnis
Durch Ihre Eigenleistung können Sie je nach Bodenbelag bis zu 300 DM sparen.

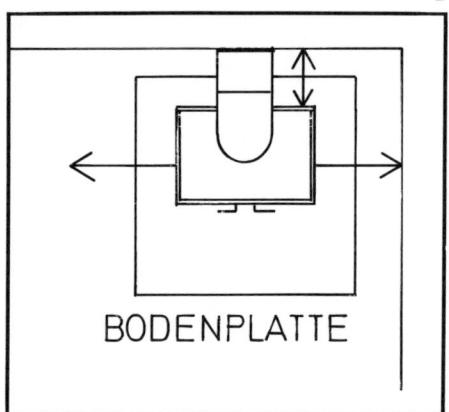

BODENPLATTE

Kaminöfen werden im Bausatz angeliefert. Ihr Aufbau geht eigentlich recht einfach vor sich. Zwei **Vorarbeiten** sind zu bewerkstelligen: der Kaminanschluß und die Bodenplatte.

Arbeitsanleitung

1. Haben Sie neu gebaut, so sind im Schornstein Anschlußöffnungen vorgesehen. Fragen Sie den Kaminkehrermeister, ob Sie in Ihrem Wohnraum einen Kaminofen anschließen dürfen.

2. Das gilt für Altbauten genauso. Vergewissern Sie sich in jedem Fall! Besorgen Sie sich ein Wandfutter in der richtigen Größe und mörteln Sie es ein. Achten Sie auf saubere Umgänge, damit Ihr Kaminofen richtig zieht. Falls die Abzugsöffnung vorgegeben war, messen Sie die notwendige Rohrlänge aus. Müssen Sie selbst eine Öffnung stemmen, so können Sie die Rohrlänge etwas verändern. **Achtung:** Zu lange Abzugsrohre führen leicht zur Versottung!

3. Völlig problemlos gestaltet sich der Anschluß, wenn Sie Ihren Kaminofen direkt unter das Kaminloch stellen. Beachten Sie aber die feuerpolizeilich vorgeschriebenen Abstände (in jedem Bundesland verschieden) und fragen Sie vorher wiederum den Kaminkehrer. Als Bodenplatte eignen sich alle feuerfesten Baustoffe.

4. Auch die Seitenabstände zu Möbeln oder brennbaren Baustoffen müssen den Brandschutzbestimmungen entsprechen.

5. Eine sehr beliebte Variante ist der Eckaufbau des Kaminofens. Falls Ihr Schornstein nicht gerade im Eck aufgezogen ist, gestaltet sich die Rohrführung etwas komplizierter. Achten Sie darauf, daß das Rauchgasrohr den Anblick Ihres Kaminofens nicht zu sehr stört und wählen Sie bei Problemen mit der Rohrführung lieber eine einfachere Position.

6. Haben Sie sich dennoch für den Eckaufbau entschieden, stellen Sie den Ofen so auf, wie es laut den gesetzlichen Bestimmungen vorgeschrieben ist.

7. Ob Sie sich nun für den Eck- oder konventionellen Aufbau entschieden haben, der Kaminofen verleiht jeden Raum eine besondere Note.

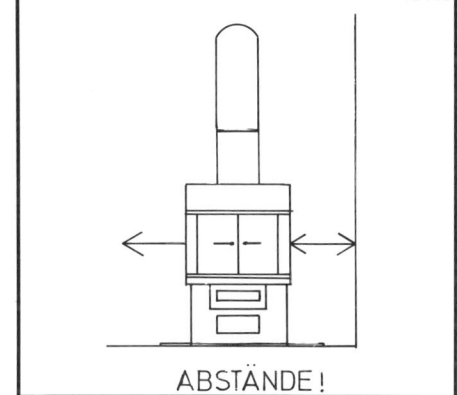

ABSTÄNDE!

4

OFENROHRFÜHRUNG
ECKOFEN
ABSTÄNDE

5

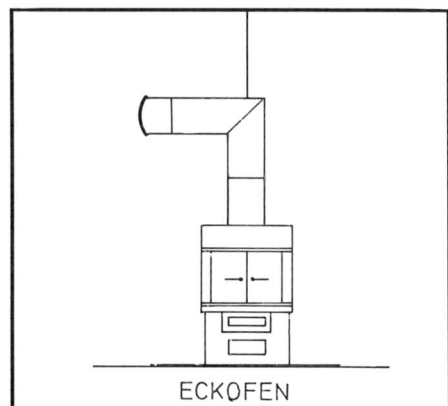

ECKOFEN

6

Arbeitsanleitungen

7

So bauen Sie einen Konvektionsofen

Arbeitsanleitungen

Material
Kompletter Ofenbausatz mit Großkeramikplatten, Rauchrohre.

Werkzeug

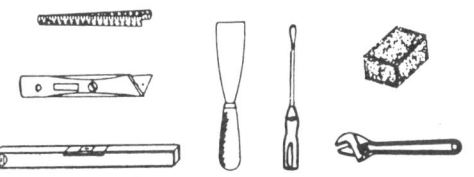

Schwierigkeitsgrad			
0	1	2	3

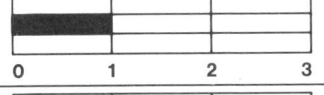

Kraftaufwand			
0	1	2	3

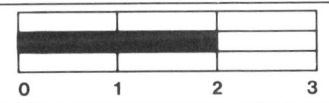

Arbeitszeit
Je nach Ausführung müssen Sie mit ca. 5 Stunden rechnen.

Ersparnis
Durch den Selbstaufbau sparen Sie ca. 200 DM.

1

2

3

4

5

Arbeitsanleitung

Um diesen sehr schönen Ofen aus Großkeramikplatten aufbauen zu können, brauchen Sie zuerst eine feuerfeste Unterlage aus Fliesen, Naturstein oder aus Blech.

1. Der Sockel sollte mindestens 10 cm Abstand von der Wand haben. Entscheiden Sie nun, von welcher Seite her Sie befeuern wollen und setzen Sie den Sockel entsprechend auf die Unterlage.

Jetzt können Sie den Heizeinsatz montieren. Dazu nehmen Sie die Montageteile des Bausatzes, einen Schraubenzieher und einen Hammer, das genügt. Legen Sie die beiden Ofenaufsetzeisen rechts und links in die Aussparungen des Sockels und befestigen Sie die Eisen mit Schrauben am hinteren Teil des Sockels.

2. Dann setzen Sie den Heizeinsatz auf die beiden Eisenträger.

3. Anschließend befestigen Sie den Nischentürrahmen am Einsatz mit Zylinderschrauben und Beilagscheiben.

4. Nun bauen Sie den unteren Zargenrahmen ein. Dazu legen Sie zunächst die zwei Eckzargen und die Zwischenleiste auf den Sockel und verbinden sie mit Senkschrauben. Danach befestigen Sie sämtliche Teile am Sockel.

5. Jetzt können Sie den Türrahmen in die vorgesehene Öffnung einsetzen. Nehmen Sie zunächst die Tür heraus und montieren Sie den Rahmen mit Flachkopfschrauben auf den unteren Zargenrahmen. Schieben Sie nun den Einsatz so weit vor, bis der Nischenrahmen vollständig am Türrahmen anliegt. Dann schrauben Sie den Zargenrahmen am Betonsockel fest. Der Heizeinsatz ist jetzt in seiner endgültigen Stellung. Setzen Sie den Nachheizkasten und die Rauchrohre auf den Heizeinsatz und justieren Sie das Ofenrohr. Paßt alles, dann nehmen Sie den Nachheizkasten wieder ab und legen die dreigeteilte Sockelblende ein (siehe Abb. 4).

Bevor Sie mit der Montage des Ofenmantels beginnen, müssen Sie den Rahmen vormontieren. Dazu verbinden Sie die vier Eckwinkel mit den Innenwinkeln mittels Flügelmuttern. Jetzt haben Sie fertige Eckverbindungen, die später den Platten Halt geben.

Beim Aufbau der Seiten gehen Sie folgendermaßen vor: Nacheinander setzen Sie die erste Eckverbindung, die Keramikfläche und die Schamottefläche ein. Darauf plazieren Sie die obere Schamottefläche und befestigen dann die zweite Eckverbindung. Nehmen Sie sich nun zunächst die Rückwand vor und achten Sie darauf, daß die Abzugsöffnungen der Keramik- und Schamotteteile exakt zueinander passen. Verwenden Sie bei Bedarf die beigelegten Justierbleche. Sitzt die Rückwand richtig, wird ein Seitenteil montiert und der Nachheizkasten aufgesetzt. Ziehen Sie das Ofenrohr heran und verbinden Sie beide miteinander. Passen Sie die Ofenrohrmanschette an und schrauben Sie den Nachheizkasten fest. Anschließend montieren Sie die letzte Seitenwand.

6. Wenn Sie den oberen Rahmen aufsetzen, müssen Sie die Flügelmuttern der vier Eckspannwinkel wieder lockern. Passen Sie den Rahmen sehr vorsichtig ein und ziehen Sie die Flügelmuttern behutsam wieder an. Die gußeiserne Vortür befestigen Sie mit zwei Schaftschrauben.

7. Jetzt können Sie die Abdeckung und die Haube aufsetzen. Kleben Sie zunächst auf jede Ecke des oberen Zargenrahmens einen Elastikpuffer. Darauf legen Sie die keramische Deckenplatte, in deren Öffnung Sie dann das gußeiserne Deckengitter setzen. Bekleben Sie die Auflagefläche der Haube wiederum mit acht Elastikpuffern, je zwei pro Ecke.

8. Setzen Sie nun die Haube auf den Ofen. Heben Sie sie dabei aber nicht am Knopf hoch, sondern an den Rändern. Zu zweit geht das ganz leicht.

9. Ihr Ofen ist nun fertig. Die geöffnete Vortür lädt unweigerlich zum Anheizen ein.

Noch ein Tip: Manchmal hat der Sockel an der Hinterkante des Türausschnittes einen Grat. Das ist produktionsbedingt, kann aber hinderlich sein, wenn Sie den Nischenrahmen hinter den Türrahmen schieben. Entfernen Sie diesen Grat vorsichtig mit Hammer und Meißel.

6

7

8

Arbeitsanleitungen

9

So setzen Sie einen Bausatz-grundofen

Material

Kompletter Grundofenbausatz inkl. Kacheln, Mörtel, Schamottekitt, Fugenkitt, Holzkeile, Hafnerdraht.

Werkzeug

Schwierigkeitsgrad

0	1	2	3

Kraftaufwand

0	1	2	3

Arbeitszeit

Als Arbeitszeit für den Aufbau sollten Sie ca. 3 Tage veranschlagen.

Ersparnis

Durch Ihre Eigenleistung können Sie bis zu 1500 DM sparen.

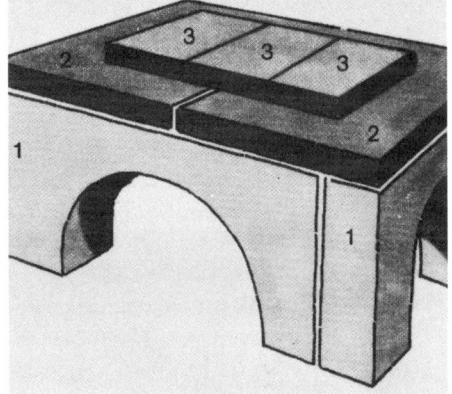

1

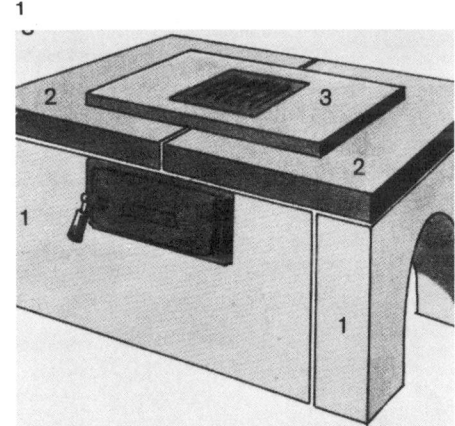

2

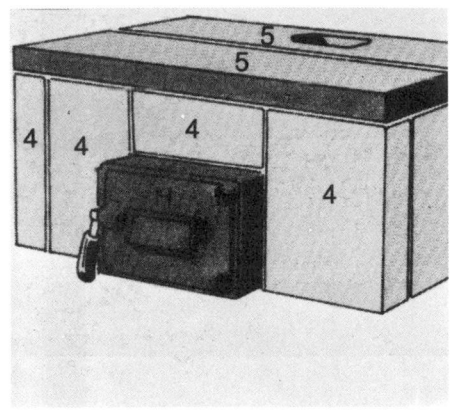

3

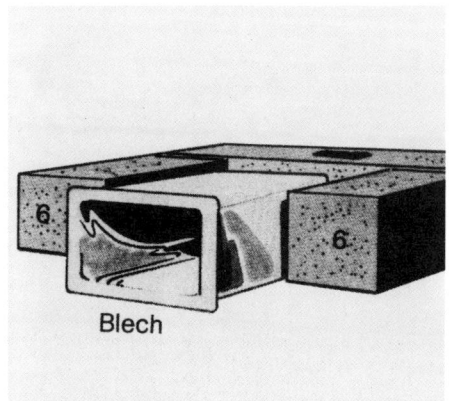

Blech

4

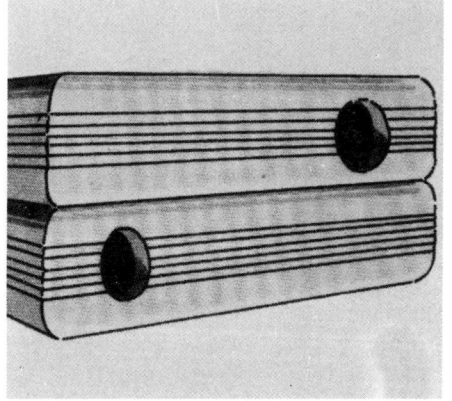

5

Bis vor einigen Jahren noch war für die Montage eines Kachelgrundofens ausschließlich der Ofensetzer zuständig. Er allein verfügte über die handwerklichen Voraussetzungen für den äußerst komplizierten Aufbau. Nun gibt es aber mittlerweile ausgeklügelte Bausätze, die es auch dem wenig geübten Heimwerker ermöglichen, seinen Grundofen aus vorgefertigten Teilen selbst zu bauen.

Selbstverständlich muß auch bei diesem Ofen vor dem Einbau der Kaminkehrermeister zu Rate gezogen werden. Ebenso sind die baulichen Voraussetzungen, insbesondere die Statik mit einem Architekten oder einem anderen Fachmann abzuklären. Am vorgesehenen Standort dürfen sich nämlich keine elastischen Teile im Boden befinden, da sonst der Estrich unter dem Gewicht des Ofens brechen könnte. Dies gilt vor allem für Fußbodenheizungen und Dämmstoffplatten. Hinsichtlich der erforderlichen Sicherheitsabstände gilt folgendes: Unter dem Ofen und vor der Heiztür darf kein brennbarer Bodenbelag, also Teppichboden oder Parkett, verlegt sein. Empfehlenswert sind keramische Platten oder Natursteinbeläge. Aus Sicherheitsgründen ist zwischen dem Ofen und brennbaren Materialien ein ausreichender Abstand einzuhalten – seitlich mindestens 40 cm – und im Bereich der Heiz- und Aschentür ein sehr großzügig bemessener Bereich. Unter dem Ofen darf auf keinen Fall Holz gelagert werden!

Arbeitsanleitung

1. Wenn Sie sich für den reinen Grundofen, also den echten Holzofen, entschieden haben, enthält der Ofensockel kein Aschenfach. Die Leichtbetonbögen (1) werden zu einem Sockel zusammengestellt und mit Säuremörtel verbunden. Dann wird die zweiteilige Bodenplatte (2) ebenfalls in Säuremörtel gelegt. Anschließend bringen Sie die Feuerungsbodenteile (3) in die vorgesehene Lage, ohne sie zu befestigen.

2. Wenn Sie einen Sockel mit Aschenfach verwenden, ist der Ofen für Holz und für Braunkohle gleichermaßen geeignet. Der Bausatz ist dann etwas anders zusammengestellt und wird folgendermaßen aufgebaut:

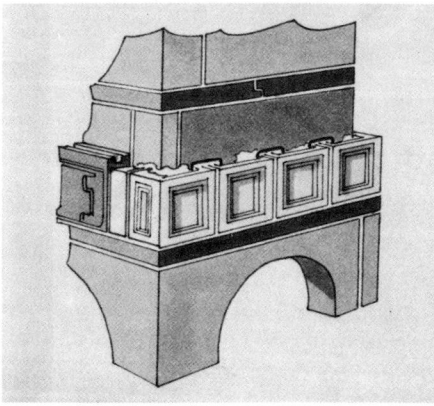

6

Die Leichtbetonbögen (1) und die Frontplatte werden mit der Aschentür zu einem Sockel zusammengestellt und mit Säuremörtel verbunden. Dann bringen Sie den Aschenkasten ein, bestreichen den Falz mit Säuremörtel und legen dann die zweiteilige Bodenplatte (2) darauf. Der Feuerungsboden (3) wird mittig auf die Bodenplatte gelegt, aber nicht befestigt. Anschließend kann der Rost in die vorgesehene Aussparung eingesetzt werden.

7

3. Ist der Sockel fertiggestellt, kann die Feuerung darauf aufgebaut werden. Die Feuerungswände (4) und die Heiztür (H) werden mit Schamottekitt versetzt. Zwischen den Feuerungswänden (4) und dem Feuerungsboden (3) ist eine 1 cm breite Dehnfuge frei zu lassen. Mörtelreste müssen daraus entfernt werden. Die zwei Teile der Feuerungsdecke (5) werden mit Schamottekitt auf die Seitenwände aufgelegt. Die Lage der Rauchgasöffnung im hinteren Teil der Feuerungsdecke ist vorgegeben. Die Dehnfuge zwischen den beiden Teilen der Feuerungsdecke ist z-förmig; sie muß gleichfalls mit Säuremörtel ausgefüllt werden.

4. Der Feuerungsraum ist fertig. Nun kann die Zwischenschicht mit dem Bratrohr aufgelegt werden. Die einzelnen Teile dieser Zwischenschicht (6) werden mit Säuremörtel auf die Feuerungsdecke aufgemauert. Die freibleibende Fläche zwischen den Seitenteilen (6) wird ebenfalls mit Säuremörtel abgeglichen, woraufhin das Bratrohr eingelegt werden kann.

5. Die Rauchgaszüge bilden die nächste Schicht. Sie bestehen aus Schamotteformstücken, die in zwei waagerechten Lagen angeordnet sind. Die Rauchgaszüge werden in der angegebenen Reihenfolge auf Säuremörtel versetzt. Die Stoßstellen müssen vorher angefeuchtet und mit Schamottekitt bestrichen werden.

Achtung! Alle Schamottekittfugen müssen von innen und außen besonders sorgfältig verfugt werden, da sonst an diesen Stellen Rauchgas entweichen kann! Mit dem zweiten Schamotteformstück wird der Ofen an den Kamin angeschlossen.

In jedem Rauchzug muß an der günstigsten Stelle eine Reinigungsöffnung von 10 cm Durchmesser erstellt

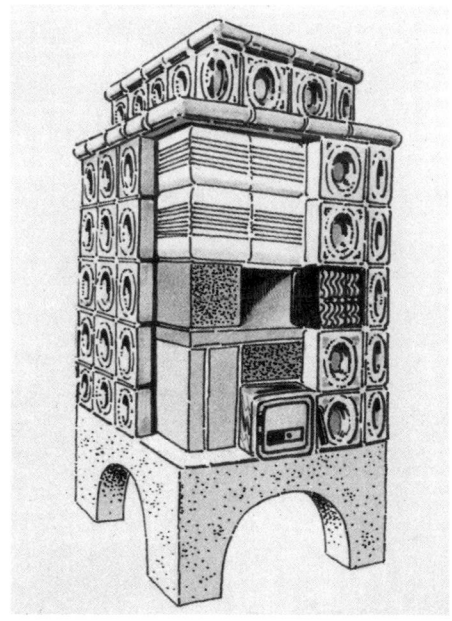

8

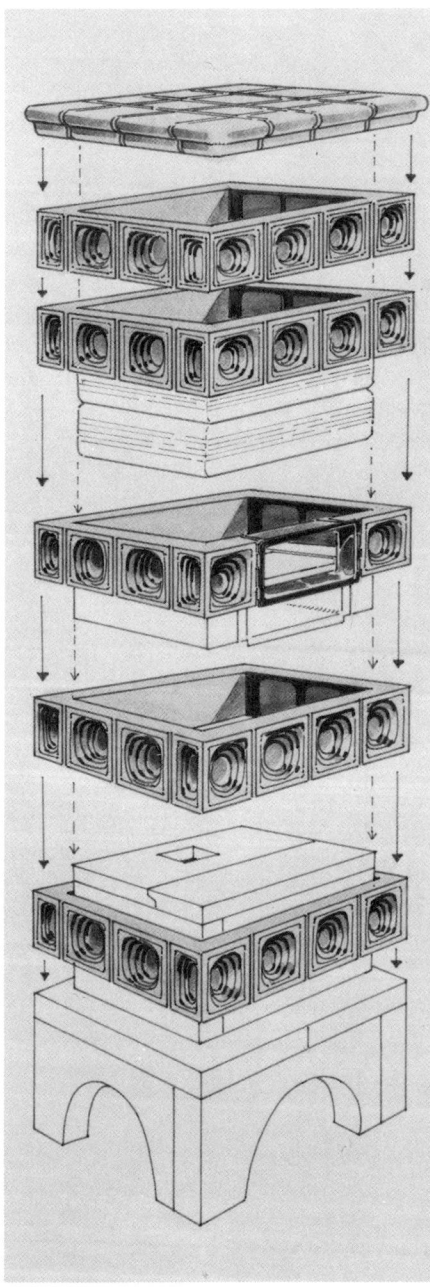

werden. Dies kann mit einem Kreisschneider oder einem Widia-Bohrer geschehen, keinesfalls aber mit dem Schlagbohrer. Verschlossen werden die Öffnungen mit fertigen Kehrdeckeln aus Kachelmaterial.

6. Vor dem Verkacheln sollten Sie alle Kacheln auf dem Boden auslegen und sortieren. Dann mischen Sie den Mörtel an, indem Sie 25 Kilogramm Schamottemörtel mit 4 Kilogramm Schmelzzement vormischen und dann langsam 6 – 7 Liter Wasser dazumischen. Beginnen Sie beim Verkacheln immer an den Ecken der einzelnen Reihen. Die Kachel wird gut angenäßt. Die Rückseite wird mit Mörtel eingestrichen. Dann legen Sie eine Schamotteplatte ein und verstreichen wieder mit Mörtel. Nun wird ausreichend Mörtel auf das so vorbereitete Kachelteil gegeben, auch an den Seiten. Drücken Sie jetzt die Kachel auf die vorgesehene Stelle, kontrollieren Sie mit der Wasserwaage und richten Sie mit dem Gummihammer aus. Die Abstände der Fugen sichern Sie mit Holzkeilen. Achten Sie darauf, daß keine Lufteinschlüsse entstehen. Ist eine Kachelreihe gesetzt, werden die Hafnerklammern angebracht. Wenn der Ofen fertig verkachelt ist, müssen noch die Fugen mit einer kleinen Spachtel circa 1 cm tief ausgekratzt werden. Nur so wird der Fugenkitt später halten. Vor dem Verfugen muß allerdings der Ofen entsprechend der Herstellervorschrift gut austrocknen. Rechnen Sie mit 10 Tagen.

7. Eine Variation dieses Bausatzes enthält einen speziellen Blechkasten zur Erzeugung von Warmluft. Dieser Kasten wird vorzugsweise zwischen Wand und Ofen eingebaut.

8. So sieht der fertig aufgebaute Kachelgrundofen im Schnitt aus.

9. Eine absolute Neuheit bei diesem Bausatz ist die Systemverkachelung aus fertigen Kachelringen, die während des Ofenaufbaus immer gleich mit aufgesetzt und mit Schamottemörtel verbunden werden.

10. Sollten Sie, wie hier abgebildet, den Sockel Ihres Kachelgrundofens mit einer Sitzbank verbunden haben, können Sie seine wohlige Ausstrahlung während der Winterabende aus nächster Nähe genießen.

9

1

2

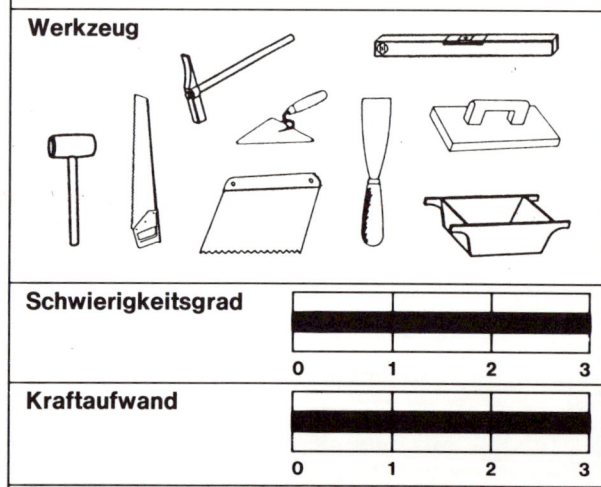

3

So bauen Sie einen offenen Kamin selbst auf

Material

Kompletter Kaminbausatz, Gasbetonsteine, Mörtel, Fertigputz, Klinkerriemchen, Dämmstoff, Alufolie, Bretter und Latten je nach Bedarf.

Werkzeug

Schwierigkeitsgrad

0	1	2	3

Kraftaufwand

0	1	2	3

Arbeitszeit

Je nach Ausführung der Maurerarbeiten sollten Sie 4 – 5 Tage einkalkulieren.

Ersparnis

Durch Ihre Eigenleistung können Sie beim Bau eines offenen Kamins bis zu 3000 DM sparen.

Wenn Sie sich für einen Kamintyp entschieden haben, empfiehlt es sich unbedingt, noch ein Gespräch mit dem zuständigen Kaminkehrermeister über die Kamineignung, die Sicherheitsbestimmungen, die Zulässigkeiten und die Abnahme zu führen. Vor Ort wird dann geprüft, ob die Voraussetzungen für den Einbau eines offenen Kamins gegeben sind. Erforderlich sind ein freier Kamin, genügend Zuluft, Feuerschutz und die Unbedenklichkeitserklärung für den Aufbau eines gemauerten Kamins auf dem Fußboden. Letztere wird von einem Architekten oder Statiker abgegeben und ist auch wirklich unabdingbar. Führen Sie sich allein das Gewicht des Heizeinsatzes aus Gußeisen oder gar der kompletten Ummauerung aus Gasbetonsteinen, Klinker, Schamottesteinen, Beton oder Natursteinen vor Augen. Die benötigte Menge an Steinen, Mörtel und sonstigem Material kann anhand der Bausatzanleitung genau berechnet werden. Dann kann der Aufbau beginnen.

1. Bei gut isolierenden Türen und Fenstern ist es notwendig, Frischluft aus anderen Räumen oder von draußen zuzuführen, damit das Feuer genügend Sauerstoff erhält und nicht „hungert".

Wird Frischluft aus dem darunter liegenden Raum zugeführt, dann werden die Sockelsteine entsprechend der Bauanleitung um den Frischluftkanal herum fixiert. Die Zuluftmenge muß unbedingt regulierbar sein. Hierzu wird auf den Zuluftkanal eine Regelbuchse mit Regelklappe aufgesetzt. Dann werden die für die Druckverteilung auf den Steinen erforderlichen Metallplatten dort auf dem Sockel ausgelegt, wo anschließend die Füße des Kamineinsatzes stehen werden.

2. Aus Gründen der Wärmeschutzisolierung und der Feuersicherheit werden hinter dem Kamin Dämmstoffplatten an der Wand aufgestellt. Dafür nimmt man vorzugsweise formstabile Mineralfaser-Dämmstoffplatten, die mit Alufolie von 0,1 mm Dicke kaschiert sind und bringt sie an der Wand an.

3. Der Kamineinsatz aus Gußeisen wird jetzt so auf den vorbereiteten Platz gestellt, daß die Füße des Heizeinsatzes genau auf den vorher ausgelegten Me-

4

5

6

Arbeitsanleitungen

7

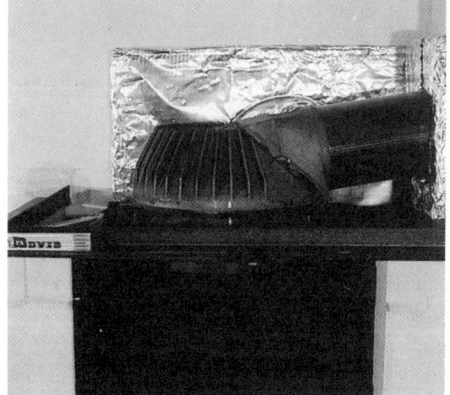

8

9

tallplatten stehen. Es ist darauf zu achten, daß der Abstand zwischen Gußrückwand und Mauerwerkisolierung mindestens 15 cm beträgt.

Mit Wasserwaage und Zentimetermaß wird der Einsatz so ausgerichtet, daß die Bodenplatte des Heizeinsatzes waagerecht und die Seitenwände senkrecht sind. Die an den Füßen angebrachten Stellschrauben erleichtern diese Arbeit erheblich. Wenn nötig, sind die Metallplatten unter den Füßen jetzt mittig auszurichten. Den Einsatz dürfen Sie nun nicht mehr verrücken. Auf dem Gußeinsatz befindet sich oben der kuppelförmige Heizgassammler.

4. Diese Rauchglocke wird mit ihrer Krümmung zur vorbereiteten Kaminbuchse hin ausgerichtet. Die gewünschte Stellung wird mit einem Kreidestrich über den Rauchgassammler und dem Auflagerahmen genau markiert.

Die Rauchglocke wird nun mit der Kaminbuchse durch ein Rauchgasrohr verbunden. Muß dieses Rohr dem Abstand angepaßt werden, so kann dies mit einer Metallsäge geschehen. Stimmt die Rohrlänge, dann wird der Auflagerahmen mit Ofenkitt versehen und der Rauchgassammler aufgesetzt. Die Kreidestriche müssen jetzt wieder deckungsgleich sein. Anschließend wird das Stahlrohr aufgesetzt und in das Wandfutter eingeführt.

5. Der feststehende und angeschlossene Kamineinsatz kann nun mit Gasbetonsteinen ummauert werden. Im Unterbau werden die Luftöffnungen für die regelbare Konvektionsluft direkt mit eingebaut. Mit Leichtbausteinen wird der Sockel von Wand zu Wand gemauert.

6. Jetzt können Sie auch schon probeheizen, um zu sehen, wie gut der Kamin funktioniert. Wenn Türen und Fenster geschlossen werden, kann die Wirkungsweise der Zuluftregelung und die des Abgasreglers eingehend überprüft werden.

7. Mauern Sie zügig weiter. Mit den leicht zu verarbeitenden Gasbetonsteinen geht dies wirklich sehr schnell. Zum Zuschneiden verwenden Sie einfach eine alte Säge.

8. Daraufhin wird der Kaminsturz aufgelegt. Achten Sie darauf, daß er mit dem Kamineinsatz und der Ummauerung bündig abschließt. Der Kaminsturz nimmt die Mauerwerkslasten über dem Gußeinsatz auf. Er ist eine „freitragende Stahlkonstruktion", die eine Belastung des Gußrahmens verhindert. Die Höhendifferenz zwischen Auflagerahmen des Gußeinsatzes und der Stahlkonstruktion wird mit einer mitgelieferten Isolierschnur abgedichtet.

Der Sturzaufbau auf der Stahlkonstruktion muß mit Aluminiumfolie von der Stahlauflage isoliert werden, damit später keine Risse in den Fugen auftreten.

9. Die obere Kaminumrandung wird nun Stein für Stein auf der Alufolie aufgemauert. An der rechten Seite wird eine Nische durch Mauerwerk erstellt. Als Sturz über der Nische verwenden Sie Gasbetonplatten. Zwischendurch nehmen Sie immer wieder die Wasserwaage zur Hand. Erforderliche Korrekturen führen Sie über das Mörtelbett oder mit einem Gummihammer aus. Schlagen Sie sehr vorsichtig, Gasbeton ist spröde und bricht leicht.

10. Auf der oberen Umrandung werden die Warmluftöffnungen gesetzt, ausgerichtet und ummauert. Hier tritt später die im Sockelbereich angesaugte Luft, die sich an den Kaminrückwänden erhitzt, als Konvektionsluft wieder aus. Das Mauerwerk des Aufbaus wird circa 20 – 30 cm oberhalb des Rauchgassammlers, an der Oberkante der Warmluftöffnungen, unterbrochen.

11. Den Abschluß des Heizbereiches bildet ein Dekkel, der die gemauerte Warmlufthaube über dem Einsatz nach oben hin abschließt. Diese Abdeckung wird durch T- und L-Profile getragen. Darüber wird ein Glattstrich von 1 – 2 cm aufgebracht.

12. Das weitere Aufmauern über der Warmlufthaube ist bald beendet. Es dient allein der Optik. Die Nischen und die Ablagen auf der rechten Seite des offenen Kamins sind bereits fertiggestellt.

Den Abschluß des Kaminaufbaus bildet nach oben hin ein gemauerter Rundbogen. Gerade bei einer Holzbalkendecke erzielen Sie so eine äußerst harmonische Abstimmung.

10

11

12

Arbeitsanleitungen

13

14

15

Zur Haftverbesserung des Putzes wird, nachdem Sie die Grundierung aufgetragen haben, Glasseidengewebe mit Klebemörtel auf der Verkleidung des Kamins eingebettet.

13. Ihrem Geschmack entsprechend können auch Verblendriemchen angemörtelt werden. Wenn man die Riemchen an der Unterkante durch ein Brett unterstützt, ergeben sich keinerlei Schwierigkeiten. Ein Abgleiten der Riemchen aus dem noch frischen Mörtelbett ist dann ausgeschlossen.

14. Um eine exakte Unterkante zu erzielen, wird rund um den Kamin diese Mauerhilfe aufgebaut und abgestützt. Stehen Holzkeile zur Verfügung, erübrigt sich ein genaues Ablängen der Stützhölzer.

15. Schließlich werden noch die waagerecht angeordneten Verblendriemchen ins Mörtelbett gelegt, ausgerichtet und nach dem Abbinden des Mörtels verfugt. Das gesamte Mauerwerk des offenen Kamins wird nun mit Zierputz beschichtet und mit einer Farbe auf Mineralbasis gestrichen. Jetzt müssen Sie nur noch die Warmluft- und Raumluftgitter in die eingemauerten Rahmen setzen.

Vergewissern Sie sich nochmals, ob der Fußboden vor der Feuerstelle entsprechend den feuerpolizeilichen Vorschriften gestaltet ist.

16. Einige Tage werden Sie sich noch gedulden müssen, bis der Mörtel abgebunden hat und das Mauerwerk hinreichend trocken ist. Dann steht der Einweihung Ihres offenen Kamins nichts mehr im Weg.

Noch ein Ratschlag: Von allen Ausführungen des offenen Kamins bietet Ihnen der Warmluftkamin die beste Energieausnutzung. Die am Boden angesaugte Luft wird an den Rückwänden des Heizeinsatzes erwärmt und strömt als Warmluft wieder in den Raum. Dabei entstehen hinter dem Heizeinsatz hohe Temperaturen. Achten Sie deshalb auf ausreichende Wärmedämmung und lassen Sie dem Mauerwerk um den Heizeinsatz herum genügend Zeit, mit dem Mörtel abzubinden. Um Rißbildungen zu vermeiden, sollten Sie also vor dem Einheizen unbedingt noch einige Tage verstreichen lassen!

1

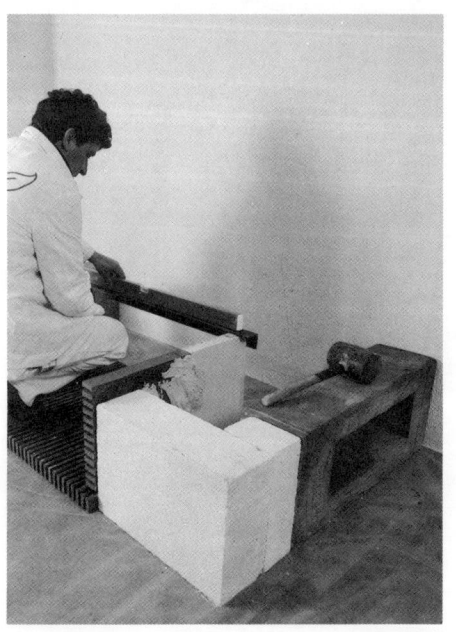

2

So bauen Sie einen gekachelten offenen Kamin

Material

Kompletter Kaminbausatz mit Kacheln, Spezialmörtel, Fugenmasse, 4 starke Bohlen und 2 Böcke als Gerüst, Draht 2 mm Durchmesser, alukaschierte Mineralfaserplatten, Dübel, Schrauben, Gasbetonsteine, Klebemörtel.

Werkzeug

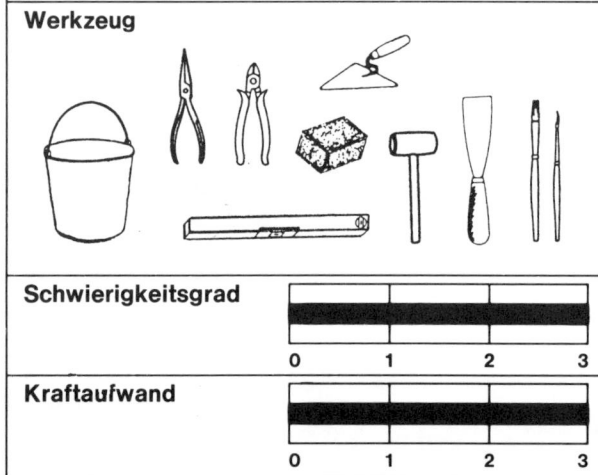

Schwierigkeitsgrad

| 0 | 1 | 2 | 3 |

Kraftaufwand

| 0 | 1 | 2 | 3 |

Arbeitszeit

Für den Selbstaufbau des gekachelten offenen Kamins sollten Sie mit einer Arbeitszeit von 3 – 4 Tagen rechnen.

Ersparnis

Durch Ihre Eigenleistung können Sie bis zu 1400 DM sparen.

Mit einem Kamin dieser Bauart erfüllen Sie sich die Romantik des offenen Feuers und sichern sich zugleich die Vorteile des Kachelofens. Hat der Kaminkehrermeister den Anschluß genehmigt, können Sie mit dem Sockelbau beginnen.

Arbeitsanleitung

1. Zunächst legen Sie die Platte aus Klinkerriemchen auf den präparierten Fußboden. Daran schließen Sie links und rechts die Formbausteine aus Gasbeton an. Der Kamin verfügt über eine beidseitige Luftansaugung. Zwei Hohlbausteine sind dafür vorgesehen. Verschieben Sie diese Sockelelemente so lange, bis der Winkel zur Wand stimmt und die Abstände passen. Zeichnen Sie sich die Position mit dem Bleistift an und mörteln Sie die Bausteine fest. Die Wand haben Sie (nicht wie hier im Bild) für die Maurerarbeit vorbereitet, sonst bindet der Mörtel nicht ab.

2. Die Seitenwände des Holzschachtes bestehen aus zwei Fertigklinkerplatten, an die in Richtung Wand Leichtbausteine angeschlossen werden. Sie zusammen bilden die Auflage für die Bodenplatte des Kamins. Mauern Sie die Platten gut fest.

3. Mit dem Fertigmörtel legen Sie nun an allen Auflagestellen ein Mörtelbett und passen zunächst die Klinkerplatte genau ein. Die Kacheln erfüllen neben ihrer dekorativen Aufgabe auch einen physikalischen Zweck. Rings um den Einsatzkamin aus Guß bilden sie eine Warmluftkammer.

In ein Bett aus Fertigmörtel (Klebemörtel) setzen Sie die Simskacheln des Sockels. Nachdem der Mörtel angezogen hat, können Sie den Kamineinsatz aufstellen und die Lage des Kaminloches anreißen.

4. Seit einiger Zeit werden im Handel vorgefertigte Kachelöfen angeboten. Die Kacheln sind dabei zu Platten zusammengefügt und ausgegossen. Arbeitsgänge wie beispielsweise das Klammern entfallen. Im vorliegenden Fall wurde eine ähnliche Technik angewendet. Damit der Aufbau schneller vonstatten geht, wurden die Seitenteile, die Quertraverse und die Deckplatte vorgefertigt. Die Technik zum Aufstellen dieses Kamins entspricht also genau der eines vorge-

3

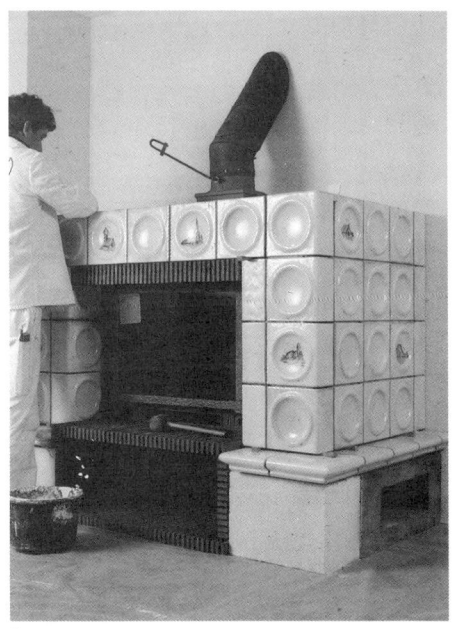

4

5

6

fertigten Kachelkamins. Ausgegossene Kachelplatten sind allerdings sehr schwer – sie sollen ja auch Wärme speichern. Lassen Sie sich also bei der Installation helfen. Bei den meisten Fabrikaten sind die Eckkacheln an die Seitenwände gleich angebaut. Das hat den Vorteil, daß die Platten beim Aufstellen quasi von selbst stehen. Keilen Sie im darunterliegenden Mörtelbett so lange unter, bis die Seitenwand absolut senkrecht steht! Mit einem Flachpinsel streichen Sie dann den Mörtel unter die Kachelreihe. Von innen können Sie mehr Mörtel aufbringen. Zur Stützung der Reihe soll er eine schräge, im Querschnitt eine dreieckige Phase bilden. Verstreichen Sie das Mörtelband satt mit dem feuchten Pinsel.

Ein nützlicher Tip: Bedingt durch den relativ großen Abstand zum Heizeinsatz werden die Kacheln nicht so heiß wie bei einem Grundofen. Sie können dem Mörtel daher etwa 1/4 bis 1/3 Schnellbinder beimengen. Wieviel genau, das müssen Sie herausfinden. Es hängt von Ihrem Arbeitstempo ab. Nach dem Aufstellen der einen Seite bauen Sie zunächst die gegenüberliegende auf. Messen Sie genau den durch die Länge der Quertraverse vorgegebenen Abstand und beeilen Sie sich mit dem Zusammenbau, denn der Mörtel zieht flott an. Zu zweit arbeitet es sich leichter, besonders wenn man Großplatten verarbeitet. Sichern Sie die Platten gut, bis der dreiseitige Aufbau steht und mit Draht fixiert ist. Es genügt, wenn ein Helfer die Platte hält. Sobald Sie den horizontalen Teil eingesetzt haben, korrigieren Sie den Fugenabstand. Am besten geht das mit einem Gummihammer. Aber klopfen Sie vorsichtig! Überprüfen Sie immer auf Waage und rechten Winkel. Mit dem Meterstab messen Sie dazu die beiden Diagonalen und korrigieren durch vorsichtiges Klopfen, bis beide Messungen übereinstimmen. Fixieren Sie den Verbund mit Draht durch die Kachellöcher, streichen Sie den Mörtel mit einem Pinsel nach und verfugen Sie die Bindestellen von innen gut mit Mörtel.
5. Mit dem Auflegen der Deckplatte sollten Sie warten, bis der Mörtel angezogen hat. Manche Hersteller liefern einen Unterbau aus Profileisen mit. Bauen Sie

diesen gemäß den Herstellerangaben ein. Ringsum legen Sie ein Mörtelband auf die oberste Kachelreihe. Seien Sie nicht zu sparsam. Der Deckel stabilisiert den ganzen Aufbau, er muß also gut im Mörtel liegen. Ziehen Sie das Mörtelband nach vorne schräg ab und legen Sie mit einem Helfer die Deckplatte auf. Mit leichten Schlägen (Faust/Gummihammer) bringen Sie den Deckel in die Waage. Lassen Sie den Mörtel wieder eine geraume Zeit ziehen, bevor weitergearbeitet wird.

6. Jetzt folgt der Aufbau des ersten Seitenteils vom Oberbau. Im wesentlichen verläuft dieser genauso, wie bereits beschrieben. Auf dem vorliegenden Bild ist die bereits vorbereitete Raumwand nicht zu sehen. Sie müssen unbedingt den Putz samt Farbe oder Tapeten abgeschlagen haben. Streichen Sie die Bindestellen gut mit Wasser ein, bevor Sie den Mörtel auftragen. Es ist für die Stabilität Ihres Kachelkamins unbedingt notwendig, daß der Aufbau mit der Wand durch ein Mörtelband verbunden wird.

7. Steht der Kachelkamin an einer Außenwand, oder soll der dahinterliegende Raum über die Wand nicht mitgeheizt werden, muß die Rückwand isoliert werden. Verwenden Sie dazu alukaschierte Mineralwolle.

8. Die Höhe des Aufbaus erfordert ein Gerüst. Improvisieren Sie nicht, sondern legen Sie stabile Bohlen auf ebenso stabile Böcke. Die Kachelplatten haben Gewicht, und es wäre schade, wenn es zu Bruch käme. Stehen die beiden Seitenplatten, so bauen Sie die Frontplatte an. Die drei Elemente weisen jeweils eine Luftaustrittsöffnung auf, in die Sie später die Luftgitter einsetzen. Sie werden nur verklammert (manchmal auch verschraubt).

9. Die Abschlußplatte legen Sie in gleicher Weise auf wie die Zwischenplatte. Verfugt werden nur noch die Aufbaufugen zwischen den Großplatten. Streichen Sie die Verfugungsmasse gut ein und wischen Sie mit einem feuchten Tuch nach. Wenn der Sockel Ihrem Geschmack entsprechend verputzt ist, können Sie Ihr Werk als vollendet betrachten. Etwa vier Tage sollten Sie noch verstreichen lassen, bevor Sie erstmals vorsichtig einheizen.

7

8

Arbeitsanleitungen

9

So erstellen Sie einen offenen Kamin

Material

Kaminbausatz, kompletter Schornsteinbausatz, Gasbetonsteine, Kalksandsteine, Mörtel, alukaschierte Mineralfaserplatten, Luftgitter, Edelputz, Travertinplatten.

Werkzeug

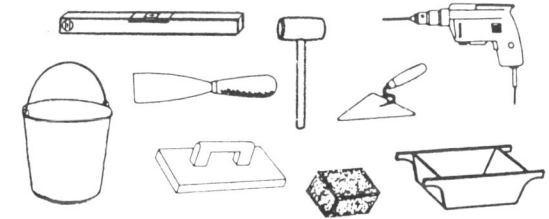

Schwierigkeitsgrad

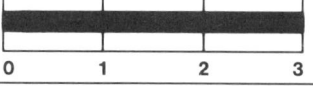

0	1	2	3

Kraftaufwand

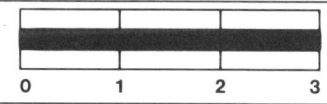

0	1	2	3

Arbeitszeit

Für den Aufbau dieses raumhohen Kamins müssen Sie eine Arbeitszeit von 1 Woche einkalkulieren.

Ersparnis

Durch Ihre Eigenleistung können Sie bei diesem Kamin bis zu 1700 DM sparen.

1

2

3

4

Der Wunsch, sich einen offenen Kamin oder einen Kachelofen einzubauen, scheitert oft daran, daß kein geeigneter Schornstein vorhanden ist. Wie Sie bereits wissen, muß jeder offene Kamin an einen gesonderten Schornstein angeschlossen werden. Fragen Sie in jedem Fall Ihren Kreiskaminkehrermeister und lassen Sie den Ihrer Meinung nach in Frage kommenden Schornstein überprüfen. Den Wunsch nach einem offenen Kamin brauchen Sie selbst dann noch nicht begraben, wenn der Kamin vor Jahren zugeschüttet wurde. Sie bauen einfach einen neuen Kamin aus Edelstahlrohren. Vorher sollten Sie allerdings einen Fachbetrieb oder einen Architekten konsultieren. Die Schornsteinführung muß nämlich geklärt sein. Die Rauchgase müssen ja auf irgendeinem Weg durch das Dach ins Freie geleitet werden. Erkundigen Sie sich nach den Feuerschutzbestimmungen und überlassen Sie die Dachdurchführung einem Fachbetrieb. Der Kaminaufbau im Wohnraum ist dann Ihre Sache. Stellen Sie zunächst fest, wo Sie einen Durchbruch durch die Decke schaffen können. Bei Betondecken ist das kein Problem. Sie bohren mit dem Schlagbohrer Loch für Loch kreisförmig vor und stemmen den Rest heraus. Armierungseisen sägen, brechen oder stemmen Sie mit einem scharfen Stemmeisen ab.

Der Durchbruch durch eine Holzbalkendecke erfordert zwar weniger Kraftaufwand – hier brauchen Sie eine Stichsäge –, doch müssen Sie die Balkenführung und den Brandschutz beachten.

Arbeitsanleitung

1. Nachdem Sie den Fußboden für den Aufbau vorbereitet haben, legen Sie die erste Lage Gasbetonsteine (48/24/6), die Sie mit dem handelsüblichen Spezialmörtel vermauern. Darauf setzen Sie drei NF Kalksandsteine, auf denen der Kamin stehen wird. Achten Sie auf horizontalen Aufbau. An die Wand hinter dem Kamin werden alukaschierte Mineralfaserplatten mit 6 oder 10 cm Stärke als Wärmedämmung gestellt und befestigt.

2. Nachdem der Mörtel etwas angezogen hat, bauen Sie den Einsatz zusammen. Vergessen Sie nicht, die

Abzugshaube mit Dichtungsmasse aufzusetzen, sonst wird Ihr Kamin qualmen.

3. Der Edelstahlschornstein wird nun von seinem Fuß-ende – mit Kehrtür, bedenken Sie das wegen des Fußbodenbelags! – nach oben zusammengesetzt und verschraubt. Die Verbindung zwischen Kamin und Schornstein bildet das Stahlrohr (2 mm Wandstärke).

4. Führen Sie nun den Edelstahlschornstein weiter bis durch die Decke. Verschrauben Sie ihn sorgfältig. Wie der Schornstein im darüberliegenden Stockwerk wei-tergeführt wird, ist je nach Haus verschieden und kann hier nicht allgemein beschrieben werden. Die Technik des offenen Kamins steht jetzt, und Sie können mit der Verkleidung beginnen.

5. Gasbetonsteine haben den Vorteil, daß sie sich mit normalen Holzbearbeitungswerkzeugen schneiden oder stemmen lassen. Der Aufbau geht also wegen der Größe der Steine schnell und zudem mit wenig Kraftaufwand vor sich. Ummauern Sie den Kaminein-satz und setzen Sie links und rechts ein Luftgitter in den Sockel. Sie dienen als Ansaugöffnung für den Konvektionskreislauf. Denken Sie daran, daß die Luft durch diese Gitter hinter den Kamineinsatz gesaugt werden soll, und schneiden Sie in die Gasbetonsteine für die Auflage links und rechts eine Öffnung mit dem Querschnitt der Luftgitter. Die Umkleidung wird nun bis zur Höhe der Abzugshaube aufgemauert. Die Grö-ße der Kaminschürze liegt in Ihrem Ermessen.

6. Zur Auflage der Kaminschürze dient ein offenes Rechteck aus Winkelstahl. Sie können es zur Erhö-hung der Stabilität am Kamin vorbeiführen und in der rückwärtigen Wand verankern. Bis der Mörtel abge-bunden hat, stützen Sie es am besten ab. Messen Sie mit der Wasserwaage genau nach, die Schürze ist op-tisch der auffälligste Teil Ihres Kamins. Da darf nichts schief sein. Der abgebildete Kamin wurde mit Traver-tinplatten verkleidet. Die Maße müssen vorher festge-stellt werden. Lassen Sie die Steine beim Fachbetrieb auf Maß zuschneiden. Bevor Sie die Kaminschürze weitermauern, legen Sie die Riemchen auf den Winkel-stahl auf und befestigen Sie sie mit Klebemörtel.

5

6

7

7. Die Kaminschürze wird schräg an den Kaminkörper angebaut. Die Begrenzungssteine links und rechts sägen Sie zurecht und mauern dann das Dreieck an den Kaminkörper. Hier müssen Sie sehr sorgfältig und maßgenau arbeiten. Reißen Sie die Höhe vorher an, damit das Dreieck links und rechts genau gleich groß wird. Mauern Sie nun die Kaminschürze fertig. Das geht natürlich im Verbund. Je sauberer Sie die Steine setzen, desto weniger Putz müssen Sie auftragen.

8. Der Kamin arbeitet nach dem Konvektionsprinzip, er braucht also Austrittsöffnungen für die Warmluft. Legen Sie die Lage der zwei Öffnungen fest. Je höher sie gesetzt werden, desto mehr nutzen Sie die Abwärme des Edelstahlkamins. Sind die Abluftgitter eingebaut, so dämmen Sie den Raum oberhalb nach einer weiteren Lage Gasbeton ab. Es genügt, einige Rundeisen als Träger der Isolierschicht einzusetzen. Bohren Sie in die Rückwand entsprechend viele Löcher in Höhe der Lage und setzen Sie die Eisen ein. Darauf befestigen Sie die Dämmschicht aus alukaschierter Mineralwolle. Die Reflexionsschicht zeigt selbstverständlich zum Kamin hin. Wenn Sie den Abschlußdeckel ganz zum oberen Kaminteil hin abschließen wollen, dann legen Sie auf die Dämmschicht eine flache Lage Gasbeton, die Sie mit einer Mörtelschicht abdecken. Abschließend ziehen Sie den Kaminkörper bis zur vollen Raumhöhe auf. Vergessen Sie nicht, die Wand für den Maueranschluß entsprechend vorzubereiten, sonst gibt es später zwischen Kamin und Wandputz häßliche Risse. Als Oberfläche tragen Sie einen weißen Edelputz auf, der im Handel als Fertigprodukt angeboten wird.

9. Für den abgebildeten Raum (in einer Altbauvilla) bot sich ein streng klassischer, symmetrischer Aufbau an. Wegen der großen Raumhöhe konnte ein breiter Sockel eingeplant werden, der zur vollen Raumhöhe aufgezogen wurde. Nachdem der Belag aus Travertinplatten aufgelegt ist, können Sie nach 3 bis 4 Tagen Trocknungszeit Ihren Kamin einheizen. Gehen Sie nicht gleich auf Volldampf, sondern steigern Sie nach und nach die Einheizzeit.

8

9

1

2

3

So plazieren Sie einen Kamin in einer Raumecke

Material
Kompletter Kaminbausatz, Kalksandsteine, Mörtel, Klinkerriemchen, Klebemörtel, Fugenmasse, Dämmstoffschüttung (nicht brennbar).

Werkzeug

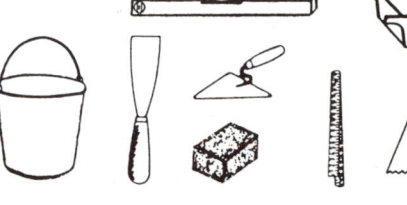

Schwierigkeitsgrad

0	1	2	3

Kraftaufwand

0	1	2	3

Arbeitszeit
Je nach Ausmaß der Vorarbeiten sollten Sie mit einer Aufbauzeit von 3 Tagen rechnen.

Ersparnis
Je nach Ausführung können Sie durch Eigenleistung bis zu 1000 DM sparen.

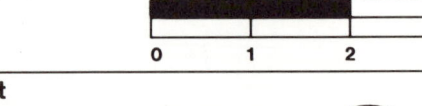

Arbeitsanleitung

Schornsteine sind oft in den Raum hineingebaut, bilden also mit den Wänden eine Ecke, die sich für den Einbau eines offenen Kamins vorzüglich eignet.

1. Zunächst mauern Sie den Sockel gemäß den Angaben des Herstellers auf. Achten Sie auf die Brandschutzbestimmungen und bereiten Sie vorher das Fundament entsprechend vor. Auf dem vom Parkett befreiten Boden werden zwei Ziegelreihen aufgezogen.

2. Auf den fertigen Sockel stellen Sie den Kamineinsatz und bauen ihn zusammen. Setzen Sie das Rauchgasrohr zur Probe an und ermitteln Sie genau die Höhe des Kaminloches. Es ist nicht ganz einfach, da das Rohr in einem Winkel von 45 Grad gesetzt werden muß. Die Rauchgashaube bekleben Sie mit Zeitung; so entsteht zwischen Haube und Verblendmauerwerk eine Dehnfuge. Als Klebstoff eignet sich Tapetenkleister.

3. Jetzt folgt die Isolierarbeit. Schirmen Sie die Rauchgashaube und das Rauchrohr mit Mineralwolle ab. Die Boden-, Rück- und Seitenwände hinterfüllen Sie mit Fertigdämmstoff. Ist die Isolierung fertiggestellt, folgt der Aufbau der Kaminschürze. Auch hier sind der Gestaltung keine Grenzen gesetzt.

4. Am schnellsten erfolgt der Aufbau mit einer Blechschürze, die einfach auf den Kaminrahmen gesetzt und anschließend an der Wand befestigt wird.

1

2

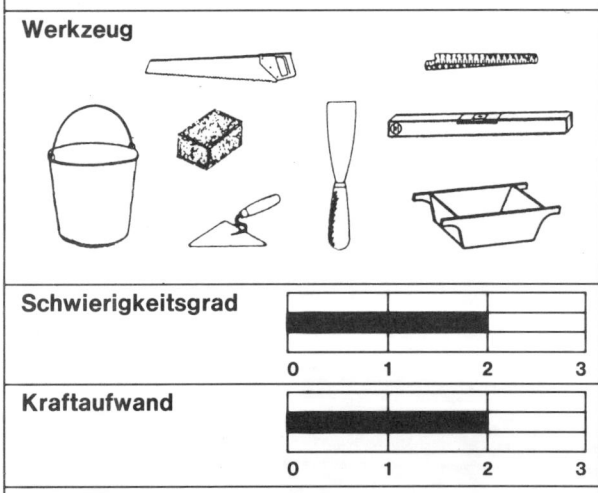

3

So bauen Sie Kachelöfen mit Kompaktkacheln

Material
Kompletter Ofenbausatz inkl. Kacheln, Mörtel und Zubehör, Gasbetonsteine, Klebemörtel, Edelputz (Menge je nach Bedarf).

Werkzeug

Schwierigkeitsgrad

0	1	2	3

Kraftaufwand

0	1	2	3

Arbeitszeit
Für die Aufstellung dieses Ofens (inkl. Sockel) sollten Sie mit 3 Tagen Arbeitszeit rechnen.

Ersparnis
Durch Ihre Eigenleistung sparen Sie ca. 600 DM.

Arbeitsanleitungen

Arbeitsanleitung

1. Kompaktkacheln erkennt man nicht auf Anhieb, da sie auch in klassischen Dekors gefertigt werden. Ihr Innenleben unterscheidet sich aber beträchtlich von der traditionellen Bauweise. Statt eines Kachelkörpers mit aufgesetzten Stegen, bestehen sie aus einem massiven Stück. Sie brauchen demnach beim Einbau nicht mehr mit Schamottesteinen ausgefüttert zu werden. Für den Selbstbauer bedeutet dies einen erheblichen Vorteil, da umständliche Maurerarbeit entfällt.

2. Ein weiterer nicht zu übersehender Vorteil für den Selbstbauer ist die absolute Maßgenauigkeit der Kacheln – im Unterschied zu mancher Keramikerware. Sie lassen sich deshalb spielend maßgerecht setzen. Abgesehen von einer Spachtel oder einer Kelle brauchen Sie nur eine Wasserwaage. Alle Bindeflächen der Kompaktkachel sind genoppt, um deren Oberfläche zusätzlich zu vergrößern.

3. Die Ecken werden aus Formkacheln geklebt, die auf Gehrung geschnitten sind. Zur Auflage des Oberbaus auf Profileisen dienen ebenfalls Spezialkacheln. Die Aussparung ist vorgefertigt; die umständliche Schneidearbeit entfällt daher.

Nachdem Sie das Fundament, wie schon oftmals beschrieben, vorbereitet haben, bauen Sie den Sockel mit Gasbetonsteinen auf. Auch hier verwenden Sie Fertigmörtel und Edelputz.

4. Auf den Sockel setzen Sie die erste Reihe Kacheln auf ein Mörtelband aus Thermomörtel. Gehen Sie sparsam damit um! Es genügt, wenn die Noppen dünn bedeckt sind. Der Mörtel hat schon im Feuchtzustand hohe Bindekräfte, so daß der Aufbau problemlos vor sich geht.

Steht die erste Reihe auf dem Sockel, sollten Sie etwas warten, bis der Thermomörtel abgebunden hat. Die Abbindezeit ist abhängig von der Raumtemperatur. Beachten Sie daher die Verarbeitungshinweise!

Ein Tip: Wollen Sie gleich weiterarbeiten, dann fertigen Sie sich eine Schablone aus Spanplatte. Die Innenabmessung der Schablone entspricht dabei genau den Außenabmessungen Ihres Kachelofens. Bauen

4

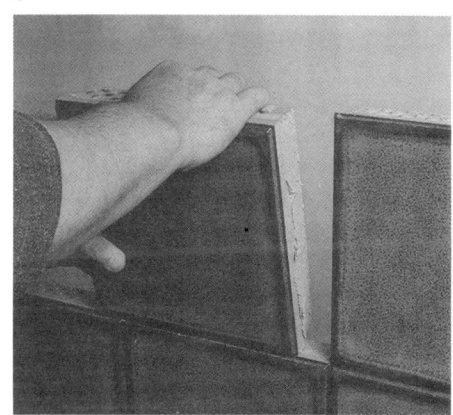
5

6

Arbeitsanleitungen

7

8

9

Sie die Schablone über Eck, dann steht sie von selbst. Sie brauchen das Gerüst nur noch gegen Verschiebung zu sichern. Hier genügen ein paar Ziegelsteine, die Sie gegen die Spanplatte legen. Achten Sie nun darauf, daß die Schablone senkrecht steht. Von nun an müssen Sie allerdings gegen Ihren Körper arbeiten und die Kacheln von innen nach außen an die Schablone drücken.

5. Wenn Sie genügend Zeit haben, sollten Sie nach der konventionellen Methode arbeiten. Spachteln Sie den Thermomörtel immer beidseitig auf, also auf die bereits stehende Kachel wie auf die zu setzende. Die Oberkante bestreichen Sie nicht, sonst kleben Sie selbst an der Kachel. Diese wiederum wird jetzt – leicht zum Körper geneigt – an der Vorderkante angesetzt und an die Kachelwand geschoben. Ein leichter Druck genügt, um den elastischen Mörtel zu verkleben. Halten Sie aber die bereits stehende Kachel beim Anpressen immer fest, damit Sie den ganzen Verbund nicht wieder lockern.

Falls Ihnen das Anfertigen einer Schablone zu arbeitsaufwendig erscheint, behelfen Sie sich mit einer anderen Stützmaßnahme. Besorgen Sie sich eine gehobelte Latte oder ein glattes Brett. Die Latte darf aber nicht verzogen sein, sonst sieht Ihr Kachelofen später genauso aus. Als zweites Hilfsmittel verwenden Sie beidseitiges Klebeband, auch bekannt als Teppichboden-Klebeband. Sie beginnen natürlich bei jeder Kachelreihe an den Ecken. Messen Sie genau ab und setzen Sie das zweite Eck im richtigen Abstand gegenüber. Achten Sie auf gleiche Höhe – Wasserwaage! Stehen die Eckkacheln, dann befestigen Sie die Latte links und rechts mit normalem Klebeband an den Kacheln, auch an der Rückseite. An den jeweiligen Berührungsstellen verwenden Sie das Teppichboden-Klebeband. Nun müssen Sie von innen nach außen arbeiten und die Kachel gegen die Latte stellen. Für jede Reihe benötigen Sie natürlich eine neue Latte. Beim Abziehen würden Sie sonst alles lockern.

6. Steht eine Reihe, so verfugen Sie die verbliebenen Zwischenräume mit Thermomörtel.

7. Sind Sie über der Brennerhöhe angelangt, setzen Sie den Unterbau für die horizontale Lage. Er besteht aus Profileisen und wird vom Hersteller je nach Ofenaufbau komplett geliefert. Sie brauchen den Rahmen nur noch in die dafür vorgesehenen Ausparungen einzusetzen. Die horizontale Lage legen Sie auf ein Band aus Thermomörtel auf. Damit die Kacheln auch in der Waage liegen, keilen Sie mit Holzkeilen unter, die Sie sich selber anfertigen können. Die Keile werden nach dem Abbinden wieder entfernt. Der Oberbau des Ofens ist nun schnell gesetzt. Sie beginnen wieder am Eck und setzen die Kacheln Richtung Wand. Jetzt genügt es, wenn Sie die zu setzende Kachel unten (und auf den Seiten natürlich auch) etwas dicker mit dem Spezialmörtel bedecken. Auch bei den Stehern müssen Sie gegebenenfalls unterkeilen. Entfernen Sie diese Keile erst, wenn der Mörtel fest ist, und streichen Sie dann die Fuge voll aus.

8. In die Steherreihe des Oberbaus setzen Sie das Luftgitter. Es hat Laschen, die hinter die Kachelreihe greifen, ist also leicht zu montieren. Verfugen Sie die Zwischenräume zwischen dem Stahlrahmen und der Kachelreihe gründlich.

9. Eine Besonderheit der vorliegenden Kachelserie ist die Anbringung des Simses. Er wird einfach auf eine normale Platte von vorn aufgeklebt. Mit dem Bausatz wird eine Abdeckplatte geliefert, auf die Sie die horizontalen Kacheln nur aufzulegen brauchen, nachdem Sie den Thermomörtel aufgebracht haben.

10. Der hier abgebildete fertige Ofen besticht durch seine klare Form, die sich insbesondere durch die Exaktheit der Kacheln ergibt. Er ist fast fugenfrei gesetzt. Sie brauchen übrigens keine Angst zu haben, daß die Fugen, wie es bei klassisch gesetzten Öfen unweigerlich der Fall ist, nach einiger Zeit bröckeln könnten. Der Thermomörtel bleibt auch über Jahre hinweg elastisch.

11. Hier nun sehen Sie einen Ofen mit zurückversetztem Oberbau. Er wirkt dadurch nicht so wuchtig, zumal er mit hellen Kacheln verkleidet ist, und eignet sich insofern auch für kleinere Räume.

10

11

95

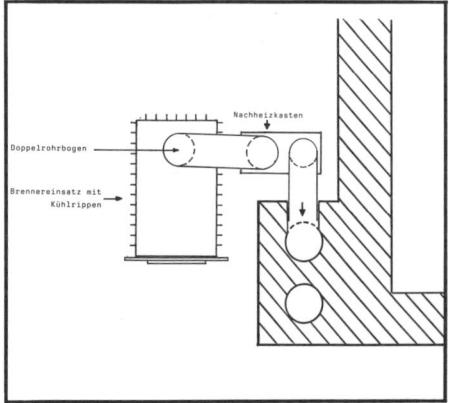

1

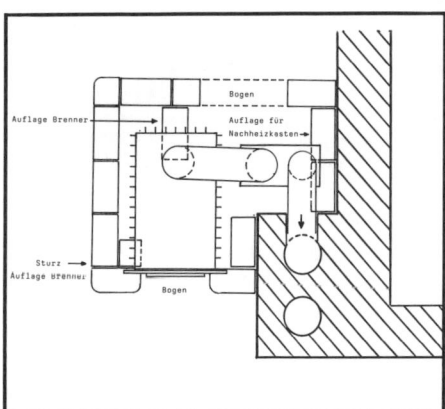

2

3

So setzen Sie einen Schamotteofen

Material

Heizeinsatz, Nachheizkasten, Rauchrohre, Wandfutter, Kalksandsteine, Betonstürze, Ziegel, Profileisen, Schamottesteine und -platten, Spezialmörtel, Quarzsand, Sand, Zement, Mineralfaserdämmstoff, Hafnerdraht, Schnellbindezement, Blechstreifen.

Werkzeug

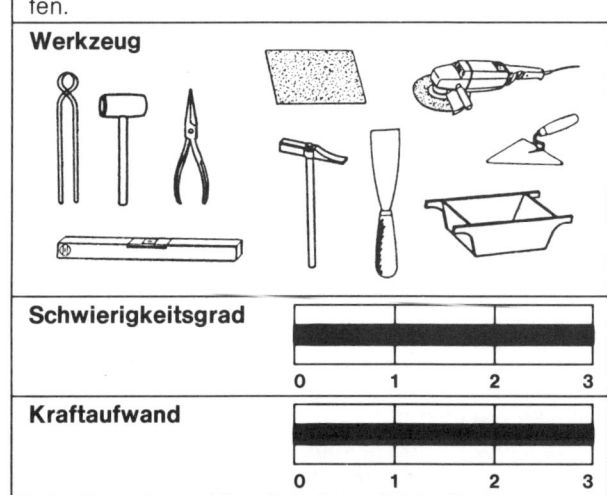

Schwierigkeitsgrad

| | 0 | 1 | 2 | 3 |

Kraftaufwand

| | 0 | 1 | 2 | 3 |

Arbeitszeit

Für den Selbstbau dieses Schamotteofens sollten Sie mit einer Arbeitszeit von ca. 11 Tagen rechnen.

Ersparnis

Durch Ihre Eigenleistung können Sie je nach Ausführung bis zu 4000 DM sparen.

Der Kern eines jeden Kachelofens ist seine Schamotteausmauerung. Sie puffert die Temperatur des Feuers auf ein erträgliches Maß herunter, speichert die Wärmeenergie und gibt sie nach außen ab. Der Kachelmantel unterstützt dieses Prinzip. Er strahlt zudem Behaglichkeit aus und ist pflegeleicht. Unweigerlich auftretende Haarrisse sind in den Fugen kaum sichtbar. Kacheln haben aber einen erheblichen Nachteil. Sie sind teuer! Für den Selbstbauer stellt der Schamotteofen eine preiswerte Alternative dar. Sofern er sauber gemauert ist, kann er es in Funktion und im Aussehen mit so manchem Kachelofen aufnehmen. Der Arbeitsaufwand ist allerdings beträchtlich, denn im Rohzustand können Sie die Schamottesteine nicht belassen. Jeder Stein muß vorbehandelt werden (S. 54/55).

Arbeitsanleitung

1. Erstellen Sie zunächst einen Grundrißplan im Maßstab 1:10 und tragen Sie die Position des Brenners und des Nachheizkastens genau ein. Vorher müssen Sie sich allerdings entschieden haben, wie der obere Teil Ihres Ofens aussehen soll, denn Häuser sind nun einmal verschieden, und der vorliegende Plan ist nur ein Beispiel. Hier zeichnet sich auch ein weiterer Vorteil des Schamotteofens ab: Der Form sind kaum Grenzen gesetzt.

Für einen Konvektionsofen reicht es, wenn die Steine hochkant verwendet werden. Stellen Sie probeweise eine Reihe auf und messen Sie genau ab.

2. Jetzt planen Sie den Sockel etwas größer als den Aufbau und tragen ihn im Plan ein (siehe S. 50).

3. Entwerfen Sie eine Front- und Seitenansicht, am besten auf kariertem Papier und mit freier Hand. Skizzieren Sie, bis Ihnen die Proportionen des Ofens im Verhältnis zur Gesamteinrichtung des Raumes ausgewogen erscheinen.

Zum Bau des Ofensockels verwenden Sie Ziegel oder Kalksandstein. Nachdem die erste Reihe ausgelegt und der Bogen zur Probe eingepaßt ist, beginnen Sie mit der Maurerarbeit. Zunächst gilt es, die Wände, an die der Ofen angebaut wird, vorzubereiten (siehe S. 44). Rühren Sie normalen Zementmörtel an und feuch-

4

5

6

7

8

9

ten Sie Steine und Boden gut an. Auf das Mörtelbett setzen Sie die erste Reihe. Achten Sie auf den richtigen Winkel und die waagerechte Lage der Steine. Ohne Wasserwaage kommen Sie dabei nicht aus.

4. Gemauert wird im Verbund. Die Lagen werden also um einen halben Stein versetzt. Den Bogen im hinteren Teil des Sockels setzen Sie mit Hilfe der Schablone. Nach jeder aufgemauerten Reihe kontrollieren Sie, ob die Lage richtig sitzt.

5. Versäubern Sie außerdem den Sockel mit einer gut angefeuchteten Malerbürste. Das gibt dem Mörtel weiteres Wasser zum Abbinden; zugleich verstreichen Sie damit auch die Fugen.

6. Auf die dritte Lage legen Sie den Sturz, der den Brenner trägt. Besonders geeignet sind dazu Betonstürze. Sie sind genauer gegossen als Ziegelstürze. Achten Sie beim Kauf darauf, daß der Sturz dieselbe Bauhöhe aufweist wie die verwendeten Ziegel – im vorliegenden Fall also NF-Maße. Mit Wasserwaage und Gummihammer bringen Sie den Sturz im Mörtelbett in die erforderliche Lage. Nach zwei weiteren Ziegelreihen hat der Sockel Brennerhöhe erreicht.

7. Links neben dem hinteren Bogen sehen Sie die Auflage für den Brenner. Der vordere Bogen wird erst später in der bekannten Technik aufgemauert. Rechts an der Wand befindet sich eine Ziegelreihe, die dem Sturz als Auflage dient. Sie wird bis Simshöhe aufgezogen (hier noch nicht sichtbar) und dient der Reihe rechts neben dem Brenner als Hintermauerung.

Während der Mörtel des Sockels zieht, bereiten Sie den Brennereinsatz zum Aufstellen vor. Geliefert wird der Satz komplett mit Schamottesteinen, die erst nach dem Aufstellen eingemauert werden. Dazu müssen Sie den mit Maschinenschrauben befestigten Deckel des Brenners abschrauben. Beim vorliegenden Modell muß auch der Kochkasten entfernt werden. Auch sollten Sie die Türen aushängen, jedes Kilo weniger erleichtert Ihnen das Aufstellen.

Zum Transport des Brennerkastens brauchen Sie Hilfe. Zu dritt geht es am besten . Stellen Sie den Gußeinsatz vorsichtig auf den Sockel und überprüfen Sie, ob er maßgenau sitzt. Da Sie eine Dreipunktauflage gemauert haben, wackelt der Brennerkasten nicht. Ob er allerdings in der Waage steht, hängt davon ab, wie genau Sie die Ziegellagen gemauert haben. Legen Sie zum Ausgleich Blechstreifen unter den Brenner, bis er genau gerade steht.

8. Beim Ausschamottieren des Gußeinsatzes müssen Sie folgende Punkte beachten: Verwenden Sie nur Schamottemörtel und rühren Sie ihn in der Wanne mit Wasser an. Damit die Masse nicht zu schnell anzieht, sollte der Mörtel breiartig, also etwas wässeriger als normal sein. Wässern Sie die einzelnen Steine in einer Wanne circa 5 Minuten, damit sie dem Mörtel nicht zu viel Wasser entziehen, sonst bindet er nicht richtig ab und bröckelt später.

9. Mit der Zahnkelle ziehen Sie nun eine dünne Schicht Mörtel auf den Stein auf. Bevor Sie die Bodenplatten einlegen, bringen Sie eine Mörtelschicht auf den Brennerboden auf. Verteilen Sie den Mörtel möglichst gleichmäßig. Erst dann legen Sie die Platten ein.

10. Klopfen Sie die Schamottesteine mit dem Gummihammer an, denn der Mörtel darf keine isolierenden Luftblasen aufweisen. Klopfen Sie aber nicht zu heftig, mehrere kleine Schläge sind besser.

Nach der Bodenplatte bringen Sie die Seitenplatten ein. Tragen Sie nur eine dünne Mörtelschicht auf und klopfen Sie die jeweilige Platte gut an. Die Seitensteine werden ebenfalls auf ein Mörtelbett gesetzt. Verbleibende Zwischenräume füllen Sie mit flüssigem Schamottemörtel aus, besonders neben der Feuertür und in den hinteren Ecken.

11. Die Platte über der Feuertür passen Sie vor der zweiten Seitenwand ein. Achten Sie auf eine saubere Verfugung. Hier arbeitet der Mörtel im befeuerten Zustand am meisten.

12. Bedienen Sie sich wieder des Borstenpinsels, des „Wundermachers", wie er in Österreich heißt. So erhalten Sie eine glatte und gut verfugte Oberfläche. Entfernen Sie sämtliche Mörtelreste aus dem Brennraum. Ein feuchter Schwamm eignet sich hierfür am besten.

10

11

12

13

14

15

13. Die Oberkante des Brenners muß besonders gründlich gereinigt werden, damit der Deckel gut abschließen kann. Je nach Fabrikat dichten Sie nun den Deckel ab. Falls Sie gemäß den Angaben des Herstellers Dichtungsmasse verwenden, dann tragen Sie sie im Falz des Brennerdeckels auf. Legen Sie diesen vorsichtig auf und verschrauben Sie ihn. Die Maschinenschrauben sollten Sie nicht zu fest anziehen, denn die Gußnasen des Brenners brechen bei zuviel Spannung leicht ab.

14. Nach dem Anbringen des Kochkastens steht der fertige Brennereinsatz auf seinem Platz. Die Türen einzuhängen ist kein Problem. Es kann auch später erfolgen. Im vorliegenden Fall wurde nun der Sockel auf die volle Höhe aufgebaut (zwei weitere Reihen NF) und verputzt. Da ein Brennereinsatz in Grundofentechnik verwendet wird, bestehen diese zwei Reihen aus Schamottesteinen.

15. Zwei Besonderheiten sind hier zu erkennen: Zunächst ist die letzte Sockelreihe etwa 3 cm nach innen versetzt, um eine Hohlkehle putzen zu können. Außerdem sehen Sie zwischen Heizkasten und Brenner einen Sturz, der vor dem Nachheizkasten einen weiteren trägt. Um der längsten Seite des Ofens etwas von ihrer wuchtigen Wirkung zu nehmen, sind die letzten zwei Steine des Aufbaus um einen halben Stein nach innen versetzt. Das bringt außerdem den Vorteil, daß sie sich besser aufheizen, da sie näher an der heißen Blechfläche stehen. Der Nachheizkasten ruht an einer Seite auf der gemauerten Auflage (siehe Plan). Auf der Brennerseite wurde ein Winkeleisen als Stütze verwendet. Es befindet sich zwischen Hintermauerung (Ziegel) und Sockel – etwa in der Mitte des Bogens – und ist hier schon vom Sturz verdeckt. Setzen Sie den Doppelrohrbogen auf den Brenner und den Nachheizkasten und klopfen Sie ihn mit dem Gummihammer fest. Dies gilt besonders für die Heizkastenseite. Stecken Sie das Abzugsrohr mit Bogen in die Kaminbuchse und klopfen Sie es fest.

16. Nachdem Sie überprüft haben, ob nichts wackelt, die Rohre gut sitzen und dem Augenschein nach dicht sind, ,,steht" die Technik Ihres Ofens. Nach einigen Tagen könnten Sie schon zur Probe einheizen. Als Wärmequelle würde die Anlage bereits funktionieren.

17. Decken Sie vor dem nächsten Arbeitsgang den Brenner und den Nachheizkasten sorgsam mit Folie ab und stellen Sie die erste Steherreihe aus geschliffenen Schamottesteinen probeweise auf den bereits verputzten Sockel. Paßt die Reihe – und das wollen wir hoffen, denn sonst haben Sie den Sockel falsch gemauert –, dann legen Sie das erste Mörtelbett für den Oberbau des Schamotteofens. Wässern Sie die Steine gut in einer Mörtelwanne.

18. Bevor Sie aber einen Stein setzen, sollten Sie ihn etwas abtropfen lassen. So hält der Mörtel besser, den Sie mit der Kelle auf die Steine streichen. Die Steine sind alle angeschliffen (Rautenmuster), damit der Mörtel nicht abgeschert werden kann. Er ist zwischen den Steinen verzahnt und gibt dem Verbund einen sehr guten Halt. Eigentlich ist das eine Technik für den Grundofenbau. Es schadet aber auch hier beim Warmluftofen nicht, wenn die Sache an Stabilität gewinnt.

Wenn eine Reihe steht, beginnen Sie bei noch feuchtem Mörtel mit einer der wichtigsten Arbeiten, dem Klammern der Steine. Gegen das physikalische Gesetz der Wärmeausdehnung ist auch ein moderner Ofen nicht gefeit. Besonders in der Anheizphase. Wenn der Schamotte innen aufgeheizt wird, außen aber noch kalt ist, ergeben sich Spannungen, die zur Haarrißbildung führen. Erschrecken Sie später nicht, wenn dann zwischen den Steinen solche sichtbar werden. Das ist ganz normal. Ist der Ofen durchgewärmt oder wieder ganz abgekühlt, schließen sie sich wieder von selbst – die Klammern sorgen dafür. Zwicken Sie ein ca. meterlanges Stück Draht von der Rolle ab. Halten Sie den Draht an die Klammerstelle und setzen Sie die Zange an. Das Stück soll links und rechts ungefähr einen Zentimeter über die beiden Bohrlöcher überstehen. Legen Sie das abgezwickte Stück dorthin, wo Sie es später einsetzen. Verfahren Sie nun ebenso bei allen Klammerstellen der Reihe.

19. Nehmen Sie jetzt die Flachzange zur Hand und bie-

16

17

18

19

20

21

gen die erste Klammer auf einer Seite zu einem Winkel ab, der kleiner als 90 Grad sein soll. Sie stecken nun das abgebogene Teilstück in die Bohrung, setzen die Zange nach Augenmaß an und biegen die Klammer fertig.

20. Vergessen Sie nicht, der Klammer Vorspannung zu geben. Mit Hilfe der Flachzange läßt sich die Klammer nun einspannen.

21. Klopfen Sie den Draht mit der Zange – nicht mit dem Hammer, sonst verändern Sie wieder die Steinhöhe –, bis die Klammer in der vorgesehenen Nut verschwindet. Sie soll nicht über die Steinhöhe hinausragen, sonst haben Sie Schwierigkeiten bei der nächsten Reihe. Sitzt die Klammer anfänglich zu locker, so biegen Sie noch etwas nach. Wenn Sie die erste Reihe durchgeklammert haben, haben Sie schon einige Übung. Verwenden Sie ruhig viel Zeit für diese Arbeit; Sie sichern Ihrem Ofen ein langes Leben.

22. Beginnen Sie die nächstfolgende Reihe immer an einer Ecke. Da die Steine hochkant aufgemauert werden, besteht die Gefahr, daß sie leicht aus der Senkrechten geraten. Messen Sie jeden Stein mit der Wasserwaage nach, besonders sorgfältig an den Ekken, und kontrollieren Sie vor allem jede abgeschlossene Reihe noch einmal durch. Achten Sie auch darauf, daß die Winkel stimmen. Schamottesteine sind vom Brand her leicht nach außen gewölbt. Sie stehen also nicht so gerade im Mörtelbett wie ein Ziegelstein. Leicht gerät man aus der Senkrechten, und wenn Sie Ihr Werk immer wieder kritisch beobachten, so werden Sie bald feststellen, ob Sie dazu neigen, von Ihrem Körper weg zu mauern – die Wand neigt sich dann zur Ofenmitte –, oder ob Sie vielleicht nach außen streben. Treten Sie immer wieder ein paar Schritte zurück und peilen Sie mit einem Auge die Ziegellage durch. So sieht man am besten, ob die Ofenwand ausbaucht oder sich nach innen krümmt.

Spätestens nach vier Reihen sollten Sie Ihre Tagesarbeit beenden. Der Mörtel muß abbinden; jede weitere Reihe belastet die unteren und drückt den noch feuchten Mörtel zusammen.

23. Stellen Sie sich jetzt einen Eimer mit klarem, kaltem Wasser zurecht. Verwenden Sie auf keinen Fall irgendwelche Reinigungsmittel, der Mörtel muß erst ganz abgebunden haben. Mit einem normalen Haushaltsschwamm wischen Sie die Mörtelreste von der Außenschamotte ab. Gehen Sie behutsam vor, solange der Schamottemörtel noch nicht gebunden hat. Er läßt sich jetzt noch relativ leicht entfernen. Auch wenn Sie denken, diese Arbeit sei nicht notwendig, weil Sie ja am nächsten Tag weitermauern, sollten Sie sich auch die Zeit für die Innenseite des Ofens nehmen.

24. So können Sie nach getaner Arbeit Ihr Werk auch besser begutachten. Im noch feuchten Zustand haben die Schamottesteine einen sandsteinfarbenen Ton.

22

Aus dem verschiedenen Brand der Steine ergibt sich eine recht schöne Ton-in-Ton-Wirkung.

Bevor Sie Ihre ,,Baustelle'' verlassen, sollten Sie auch Ihr Handwerkszeug – die Kellen, Mörtelwannen und Pinsel – gründlich mit klarem Wasser reinigen. Falls Sie noch einen Mörtelrest in der Wanne haben, brauchen Sie ihn nicht wegzuschütten. Am Ofensockel finden Sie sicher noch Stellen im noch groben Putz, wo Sie den Mörtel auftragen können. Feuchten Sie aber vorher mit dem Pinsel an und verstreichen Sie anschließend die Stelle mit der nassen Bürste.

Bevor Sie am nächsten Tag weitermauern, feuchten Sie alle Stellen, auf die Mörtel aufgetragen wird, wiederum gut an.

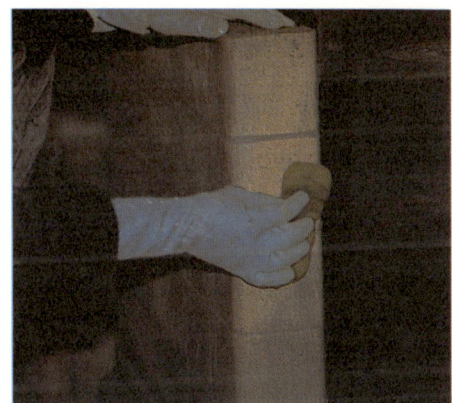
23

Vom Vortag wissen Sie, daß Sie für eine Steinreihe recht wenig Mörtel brauchen. Rühren Sie also eher weniger an, 2 bis 3 Liter Wasser genügen. Bis zur siebten Reihe arbeiten Sie genauso weiter wie am Vortag.

25. Jetzt haben Sie Brennerhöhe erreicht, und die unschöne Technik ist hinter der Schamotteverkleidung verschwunden. Sie werden feststellen, daß sich beim Aufmauern des Ofens ein eigenartiger optischer Effekt ergibt. Je höher die Reihen aufgemauert sind, um so kleiner wirkt der Ofen.

26. Die achte Reihe muß jetzt über die Vorderfront des Brenners geführt werden. Das geht nicht ohne

24

25

26

27

eine Schiene oder ein Winkeleisen – wie auch hier zu sehen ist. Es reicht, wenn das Winkeleisen auf dem Schamottestein 2 cm aufliegt. Auf der rechten Brennerseite legen Sie die Schiene einfach in ein Mörtelbett der Hintermauerung. Auf einer Seite sollte das Eisen nicht eingemörtelt werden, legen Sie es in ein Bett aus Mineralwolle und tragen Sie dann erst die Mörtelschicht für die achte Reihe auf. Der Schamottestein, der als Auflage dient, muß an der Stelle etwas ausgeschliffen werden. Winkelschleifer mit Steinscheibe und ein kleiner Hammer erleichtern Ihnen diese Arbeit.

Hierzu ein Tip: Schleifen Sie die Auflagenut schon vor dem Einbau des Steines (siebte Lage), sonst lockern Sie wieder die ganze Reihe. Es empfiehlt sich auch, etwas Schamottemörtel in einem Gipsschälchen mit Schnellbinderzement anzurühren. Ein wenig Wasser zum Mörtel und ein bis zwei kleine Kellen Zement ergeben eine spachtelfähige Masse, die Sie schnell verarbeiten müssen. Hat der Mörtel nach kurzer Zeit abgebunden, so können Sie die Steine über der Brennerfront setzen.

27. Hier müssen Sie im Verbund arbeiten, d. h., der Eckstein links ist ein voller Stein, der darüber wieder ein halber. Die Schiene soll von vorne nicht sichtbar sein. Wenn Sie ein 30 × 30-Winkeleisen verwenden wie in unserem Fall, so liegt der mittlere Stein nur zur Hälfte auf der 3 cm starken Schiene auf. Hier brauchen Sie einen Helfer, der Ihnen während des Klammerns den Mittelstein hält.

Haben Sie die drei Frontsteine gesetzt, so arbeiten Sie in Richtung Brennerrückwand weiter. Der Anschlußstein muß ebenfalls etwas abgeschliffen werden und zwar dort, wo das Winkeleisen auf der siebten Reihe aufliegt. Das ist unbedingt erforderlich, sonst erhalten Sie an dieser gut sichtbaren Stelle eine mindestens 5 mm dicke Mörtelfuge. Achten Sie darauf, daß die Schiene locker in der Mineralwolle liegt. Das Eisen schiebt andernfalls den Stein aus seinem Mörtelbett. Es erwärmt sich nämlich schneller als die Schamottesteine, dehnt sich also auch schneller aus.

28. Die neunte Steinreihe trägt die Auflageeisen des

Deckels. Sie müssen vor dem Setzen des Simses angebracht werden. Besorgen Sie sich Eisen mit rundem oder quadratischem Querschnitt, 10 bis 15 mm Durchmesser reichen. Die Eisen sollen so angebracht werden, daß sie mit der Oberkante der neunten Reihe bündig sind. Dazu arbeiten Sie aus den vier Auflagesteinen eine kleine Nut heraus – natürlich bevor Sie sie einsetzen. Die Nut muß etwas größer sein als der Querschnitt der Eisen, so daß Sie diese mit Mineralwolle so einbauen, daß sie etwas Spiel in horizontaler Richtung haben. Wichtig ist demnach nicht das Mineralwollepolster unter, sondern vor dem Eisenstab. Die Wolle ergibt im eingebauten Zustand die Dehnfuge für die Trägerschiene.

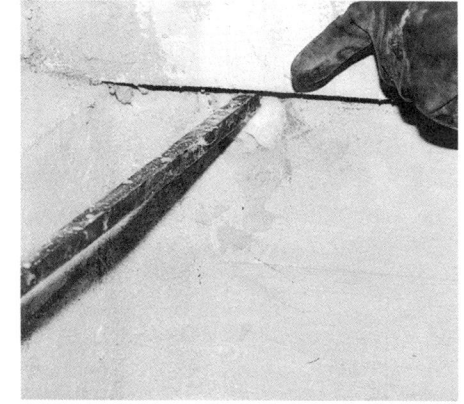

28

29. Erst jetzt legen Sie das Mörtelbett für den Sims des Ofens. Ecken und Simsläufer werden wieder im Verbund gemauert. Der Eckstein überdeckt also die Mörtelfuge der darunterliegenden Reihe. Im Bild sehen Sie auch sehr schön die Rundungen des Schamottesteins. Je genauer Sie geschliffen haben, desto leichter lassen sich die Steine setzen. Der Sims ist schon ziemlich weit entfernt von der heißesten Stelle des Brenners, so daß Sie ohne weiteres dem Schamottemörtel etwas Schnellbinder zugeben können. Mischen Sie sich nicht zu viel von diesem Mörtel an. Er bindet sonst ab, bevor Sie drei Steine gesetzt haben. Der Sims ist besonders gut zu sehen. Jeder Stein, der nicht ganz gerade verlegt wird, sticht sofort ins Auge.

29

Die Simsreihe wurde in unserem Fall nicht mehr mit Klammern versehen, da diese bei der relativ geringen Bauhöhe des Ofens für große Leute sichtbar wären. Mit einem guten Mörtel und bei entsprechender Abbindezeit hält der Sims auch ohne Klammern. Beim Spengler besorgen Sie Blechstreifen. Sie können unterschiedlich breit sein. Lassen Sie sie aber gleich richtig ablängen.

30. Auf die beiden Längsträger legen Sie jetzt den Blechrost. Wenn Sie genau gearbeitet haben, passen die 2 mm starken Bleche genau unter den Sims und lassen sich leicht verschieben. Die Bleche müssen ebenfalls links und rechts etwas Spiel haben. Man hät-

30

31

32

33

te auch eine ganze Blechplatte einlegen können. Abfallstreifen sind aber billiger, und das Gitter erfüllt denselben Zweck.

Das regulierbare Luftgitter (links im Bild) wird in den Ofendeckel mit eingebaut. Auch bei der Plazierung des quadratischen Gitters erweisen sich die Blechstreifen als vorteilhaft. Verschieben Sie diese so lange, bis das Luftgitter genau paßt und der volle Querschnitt frei ist. Günstig ist es, das Luftgitter über dem Nachheizkasten anzuordnen und so eine Zugangsmöglichkeit für den Kaminkehrer zu schaffen.

31. Der Ofendeckel wird im Sandwichverfahren aufgebaut. Als erste Schicht legen Sie 2 cm starke Schamotteplatten lose auf das Blechgitter. Sie sollen links und rechts gut am Sims anliegen. Schneiden Sie die Platten mit der Steinscheibe sauber auf Maß und legen Sie den Deckel ganz aus. Auf die gewässerten Platten tragen Sie nun eine Lage Schamottemörtel auf, die Sie mit dem Zahnspachtel eben verteilen.

32. Die zweite Lage besteht aus geschliffenen Schamotteplatten, die nach der Wässerung ins Mörtelbett gelegt werden. Auch hier müssen Sie wieder einige Vorarbeit leisten. Die Art der Plattenanordnung bleibt Ihrem Geschmack überlassen. Auf der rechten hinteren Seite sehen Sie das fertig eingebaute Luftgitter. Aus optischen Gründen wurde der hintere, kaminseitige Teil des Deckels nur verputzt und weiß gestrichen. Auch die Front mit dem abgesetzten Eck wurde nur mit Schamottemörtel verputzt, mit der Malerbürste verschlämmt und mit Farbe auf Mineralbasis gestrichen. Sockel und rückwärtiger Teil bilden so eine optische Einheit. Der Ofen wirkt dadurch nicht so wuchtig.

33. Die anschließende Feuerprobe, die bei einem Brennereinsatz eigentlich gar nicht schiefgehen kann, zeigt Ihnen, wie gut der Ofen zieht. Haben Sie aber Geduld und lassen Sie den Ofen erst richtig abbinden. Eine Zeitung und etwas Holz reichen vorerst vollkommen aus.

34. Nach etwa fünf Tagen können Sie sich dann endlich einen Eindruck von der Heizleistung Ihres Schamotteofens verschaffen.

34

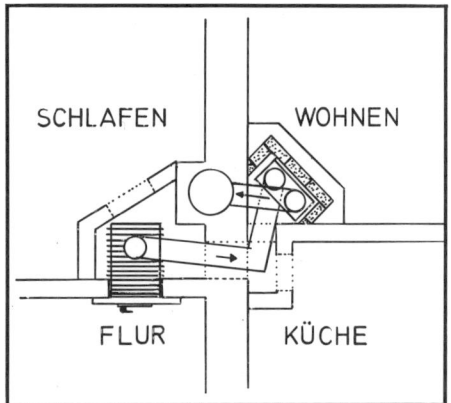

SCHLAFEN   WOHNEN

FLUR   KÜCHE

1

2

3

So heizt ein Ofen vier Räume gleichzeitig

Material

Heizeinsatz, Nachheizkasten, Rauchrohre, Wandfutter, Kalksandsteine, Gasbetonsteine, Ziegel, Profileisen, Luftgitter, Bleche, formstabile Mineralfaserplatten, Schamottesteine, Spezialmörtel, Fertigputz, Hafnerdraht.

Werkzeug

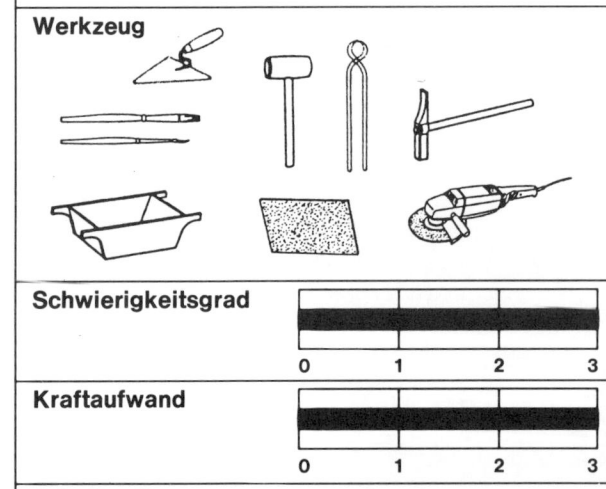

Schwierigkeitsgrad

0	1	2	3

Kraftaufwand

0	1	2	3

Arbeitszeit

Je nach Ausführung brauchen Sie für den Aufbau dieses Ofens ca. 10 Tage.

Ersparnis

Mit Ihrer Eigenleistung können Sie ca. 2500 DM sparen.

Arbeitsanleitung

Vom Flur aus zu heizen hat den Vorteil, daß die Brennstoffe nicht bis ins Wohnzimmer getragen werden müssen. Die hier beschriebene Heizanlage nannte man früher Etagenheizung; sie war vor dem Aufkommen der Zentralheizung gang und gäbe.

1. Das Problem besteht darin, den Brenner so aufzustellen, daß er außerhalb der eigentlichen Wohnsphäre steht, wohin freilich die Wärme geleitet werden soll.

2. Zunächst leisten Sie reine Maurerarbeit. Wenn Sie den Platz des Brenners bestimmt haben, schaffen Sie den Durchbruch für den Brennerkasten. Wenn Sie vorsichtig genug stemmen, fallen genau so viele Ziegel heraus, wie Sie für den Durchschub brauchen. Bei modernem Ziegelmaterial (im Unterschied zu Vollziegeln) erübrigt es sich sogar, einen Sturz einzuziehen, wie es hier geschehen ist.

Das Schlafzimmer soll nur mitgeheizt werden; die trapezförmige Aufmauerung besteht deshalb aus Hohlziegeln im HF-Format. Bauen Sie ein Lüftungsgitter mit verstellbarer Jalousie ein.

Der Deckel auf dem Brennerraum wird mit Blechen ganz abgedeckt. Darauf legen Sie eine Schicht 6 cm dicker, trittfester Mineralwolle. Eine Schicht Leichtbausteine schließt das Ganze ab. Verputzt wird wieder im Stil des übrigen Raumes.

3. Bevor sie den Brenner installieren, brechen Sie natürlich die Wand im Raum 2 durch. Der Durchbruch muß so groß sein, daß genügend Warmluft übertreten kann (circa 30 × 50 cm).

4. Der Nachheizkasten des Systems wird im Wohnraum plaziert, nachdem auch hier ein Durchbruch gestemmt worden ist.

5. Steht die Technik, so können Sie mit der Maurerarbeit beginnen. Der Sockel wird in bekannter Manier aufgebaut, der Bogen mit Schablone gesetzt. Er dient als Ansaugöffnung für die Umwälzung der Wohnzimmerluft. Für Frischluftzufuhr sorgen Sie, indem Sie unter dem Brennerkasten ein Luftgitter einbauen.

6. Den Küchenkasten sollten Sie fliesen und mit einem verstellbaren Luftgitter versehen.

4

5

6

109

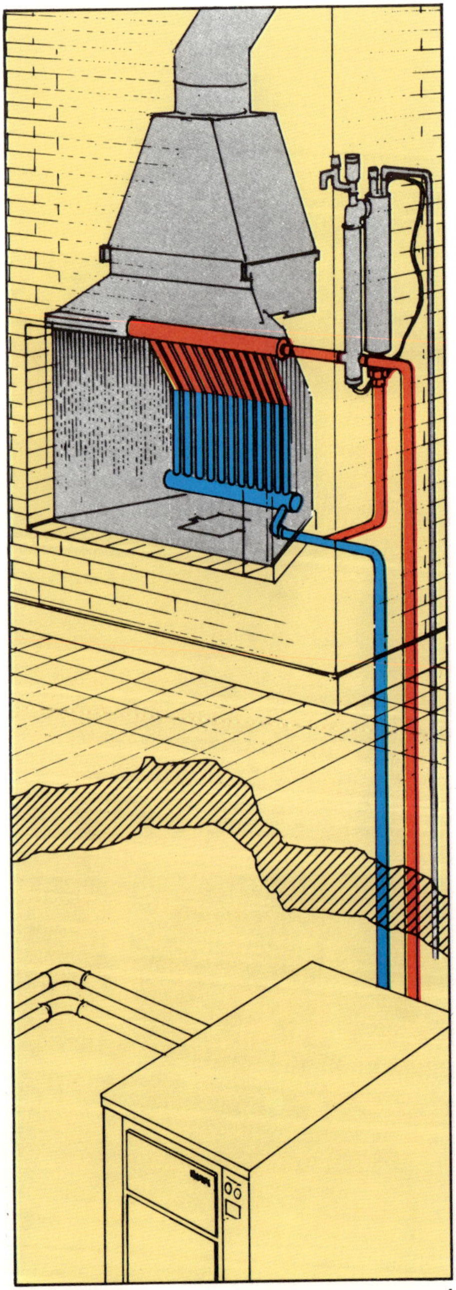

So nutzen Sie Ihren Ofen für Brauchwasser

Material

Wärmetauscher, Rohrmaterial, Druckausgleichsbehälter, Umwälzpumpe, thermische Ablaufsicherung, Überdruckventil.

Werkzeug

Schwlerigkeitsgrad

0	1	2	3

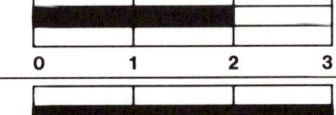

Kraftaufwand

0	1	2	3

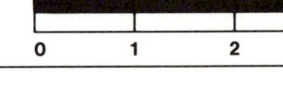

Arbeitszeit

Je nach Installationsaufwand und -umfang sollten Sie mit einer Woche rechnen.

Ersparnis

Je nachdem, welche Arbeiten Ihnen der Installateur überlassen darf, können Sie bis zu 800 DM sparen.

1

Gleich vorab: Alle Installationsarbeiten dürfen nur von einem zugelassenen Fachbetrieb ausgeführt werden! Der nun folgende Text kann Ihnen also nur bei der Vorplanung behilflich sein. Einzelheiten und konkrete Planung sind Sache des Heizungsbauers. Moderne Heizanlagen wie eine Fußbodenheizung und Brauchwasseraufbereitung eignen sich sehr gut zur Kombination mit Kachelöfen und offenen Kaminen.

Für Kachelöfen gibt es Heizeinsätze mit Wasserkammern. Das Angebot ist inzwischen reichhaltig. Eingebaut wird diese Technik stets in Warmluftöfen. Je nach Vorlaufgeschwindigkeit des Wasserkreislaufs können Sie so 1/3 bis 2/3 der Wärmeenergie in Ihren Heizkreislauf pumpen. Schaltet man einen Brauchwasserboiler dazu, so haben Sie auch ohne Zentralheizung warmes Wasser.

Arbeitsanleitung

1. Die Anlage ist im wesentlichen ein Zusatzkreislauf zum Heizkreislauf. An der Rückfront des Kamins befindet sich ein Wärmetauscher, der von Wasser durchströmt wird. Er nutzt die abgestrahlte Energie, die sonst durch den Schornstein entweichen würde. Sie erzielen damit einen Wirkungsgrad von etwa 80 Prozent.

2. Die gesamte Anlage macht auf den Laien einen recht komplizierten Eindruck. Sie besteht aus drei Hauptteilen: aus der Wärmequelle (hier ein Kamineinsatz), dem Boiler und dem Zentralheizungskessel. Die runden Gebilde sind Druckausgleichsbehälter, die für konstanten Druck im geschlossenen System sorgen. Oben beim Kamineinsatz befindet sich die thermische Ablaufsicherung, die im Störfall Kaltwasser in den Kreislauf pumpt und so eine Überhitzung verhindert. Boiler und Heizkessel befinden sich im Keller.

3. Bei einer Variante dieser Anlage befindet sich der Warmwasserboiler einen Stock höher als der Kamineinsatz. Die thermische Ablaufsicherung ist am Boiler, also an der höchsten Stelle des Kreislaufs montiert. Das Überdruckventil auf Einsatzhöhe bleibt.

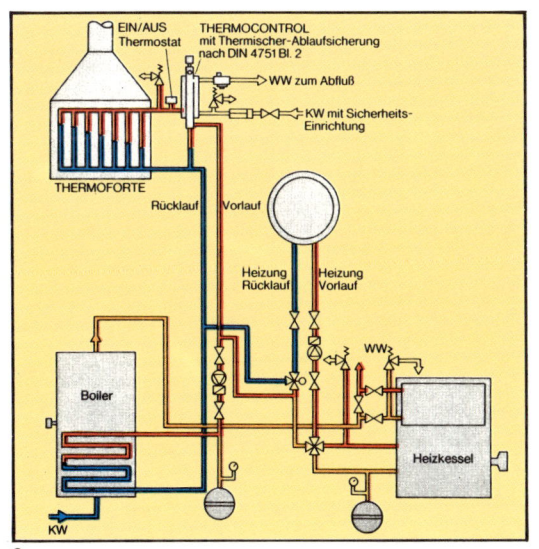

2

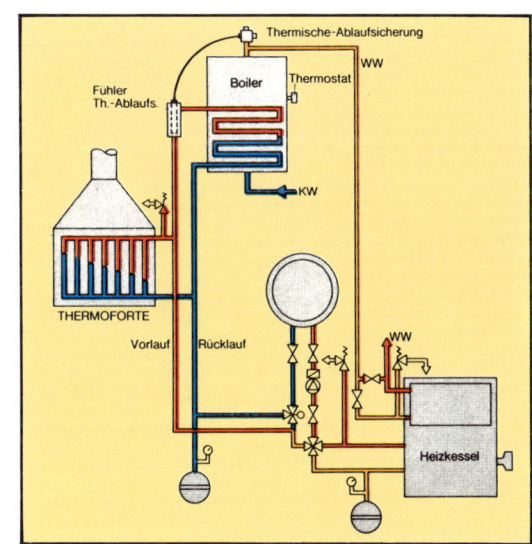

3

1

2

So renovieren Sie alte Kacheln

Material
Schamottemörtel, Schnellbinderzement, Waschpulver.

Werkzeug

Schwierigkeitsgrad

0	1	2	3

Kraftaufwand

0	1	2	3

Arbeitszeit
Für jede Kachel sollten Sie je nach Verschmutzungsgrad und Zustand etwa eine halbe Stunde veranschlagen.

Ersparnis
Je nach Wert und Stückzahl der renovierten Kacheln sparen Sie den Preis eines neuen Kachelsatzes.

Alte Kacheln sind in Form und Farbe so mancher neuen Keramik überlegen. Vielleicht hatten Sie Glück und sind im Besitz eines abgetragenen alten Kachelofens. Früher wurden diese Öfen ausschließlich mit Lehm gesetzt, dem Häcksel beigemischt wurde. Der sollte verhindern, daß der getrocknete Lehm aus den Mörtelfugen bricht. Die Kacheln wurden stets mit einem Kern versehen; meistens benutzte man dazu Dachziegel, selten Schamotte.

Arbeitsanleitung

1. Diese Füllung müssen Sie zunächst entfernen. Mit einem Schraubenzieher oder altem Stemmeisen fahren Sie vorsichtig unter die Füllung oder in Ritzen und heben Brocken für Brocken ab. Arbeiten Sie vom Rand nach innen und kratzen Sie den Lehm heraus.

2. Oft besteht die Füllung aus einem größeren Stück und mehreren Bruchstücken am Rand. Drehen Sie die Kachel mehrmals um und entfernen Sie den Staub durch leichtes Klopfen auf den Eimerrand. Vorsicht ist geboten. Durch den jahrelangen Heizvorgang haben viele Kacheln Haarrisse, die man im verschmutzten Zustand nicht sehen kann.

Bei dieser Arbeit sollten Sie drei Bottiche (Eimer, Mörtelwannen) verwenden. In die erste Wanne geben Sie den »Bauschutt«. Die zweite Mörtelwanne dient der Vorreinigung. Sie enthält eine Waschmittellösung, mit der sich der Ruß aus der Kachel auswaschen läßt. Die dritte Wanne ist mit klarem Wasser gefüllt. Hier müssen die Kacheln gut nachgespült werden.

3. Mit einer Wurzelbürste machen Sie sich jetzt an die eigentliche Reinigung. Das geht an der glasierten Seite recht einfach, innen können Sie jedoch ganz schön schrubben, bis alle Reste entfernt sind.

4. Zufrieden können Sie sein, wenn die Kachel innen aussieht wie neu. Es dürfen keine Lehmreste oder Ruß mehr vorhanden sein.

Abschließend noch ein Tip: Prüfen Sie jede Kachel nach dem Einweichen im sauberen Wasser auf ihren Klang. Klingt sie wie ein kaputter Teller, muß sie mit einer Mischung aus Schamottemörtel und Schnellbinder circa 1 cm hoch ausgegossen werden.

3

4

So wird ein unvollständiger Kachelsatz gesetzt

Material

Heizeinsatz, Nachheizkasten, Rauchrohre, Wandfutter, Herdgeschränk, Ofenplatte mit Schürze, Kacheln, Kalksandsteine, Sturz, Profileisen, Schamotte, Spezialmörtel, Quarzsand, Schmelzzement, Fertigputz, Hafnerdraht, Schnellbinderzement, Abdeckplatte.

Werkzeug

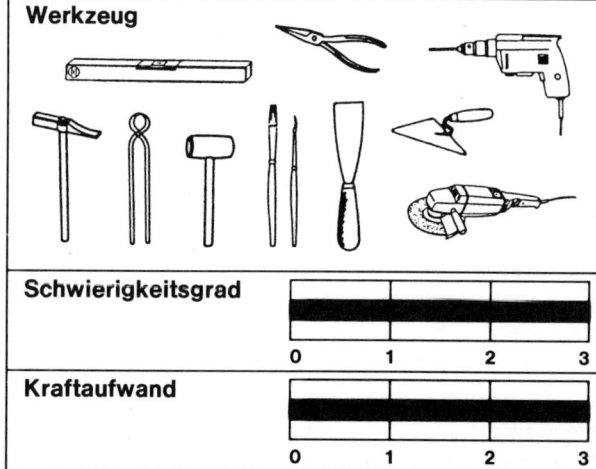

Schwierigkeitsgrad

0	1	2	3

Kraftaufwand

0	1	2	3

Arbeitszeit

Je nach Ausführung und Gestaltung können Sie mit einer Arbeitszeit von ca. 14 Tagen rechnen.

Ersparnis

Durch Ihre Eigenleistung können Sie beim Aufbau eines unvollständigen Kachelsatzes ca. 4.500 DM sparen.

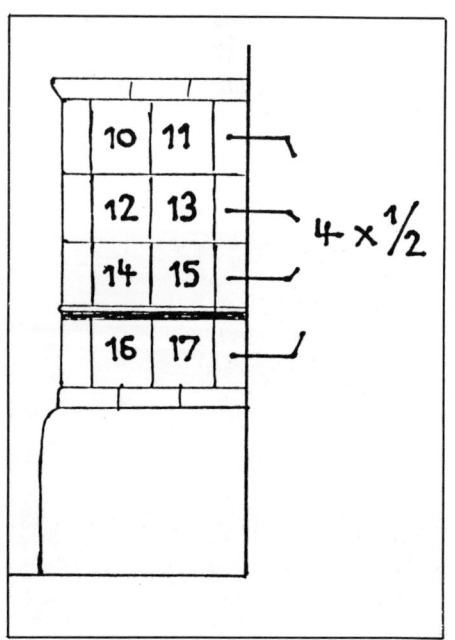

$4 \times \frac{1}{2}$

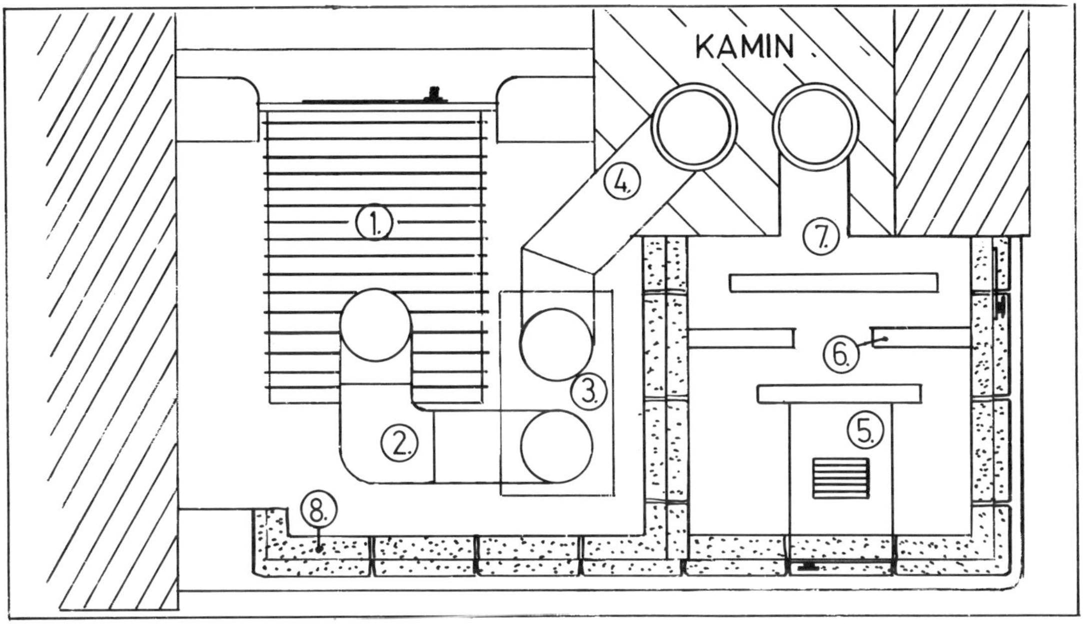

KAMIN

①.

②.

③.

④.

⑤.

⑥.

⑦.

⑧.

3

Der Bau eines Kachelofens aus alten Kacheln setzt Fertigkeiten voraus, über die der durchschnittliche Heimwerker nicht verfügt. Am Beispiel eines Sessel-ofens wollen wir Ihnen zeigen, daß es dennoch mach-bar ist. Er wurde aus 8 Eckkacheln, 18 Platten (davon 2 Bruch) und drei weiteren Ecken, deren halbe Seite verwendet wurde, gesetzt.

Arbeitsanleitung

Es ist naheliegend, daß die Anzahl der vorhandenen Kacheln die Form des Ofens bestimmt. Nachdem Sie festgestellt haben, welche Kacheln Sie verwenden können, machen Sie sich an die Reparatur der teilbe-schädigten Kacheln. Legen Sie danach alle Kacheln aus und messen Sie jeweils nach.

1. Entscheidend ist, wieviel Simse Sie haben. In unse-rem Fall waren gerade so viele intakte Bodensimse vorhanden, daß nur ein zweiseitiger Aufbau in Frage kam. Es fehlte sogar ein Sims, deshalb wurde die Heiztür in das Simsbad integriert. Darüber befindet sich die halbe Platte (Nr. 9), die aus einer gebroche-

4

115

Compact
Heimwerker-Infothek

Modernes Praxiswissen für erfolgreiches Heimwerken

Compact Praxis
»do it yourself«
Materialkunde,
Grundkurse und Schritt-
für-Schritt-Anleitungen
von einfach bis perfekt.
Jeder Band mit 96 S.,
über 250 Abb.,
nur 19,80 DM

Compact
Heimwerkerbibliothek
Mit Profitechnik leicht
gemacht. Alles über
Materialien, Geräte und
Grundtechniken.
Jeder Band mit 64 S.,
über 100 Abb.,
Spiralbindung,
nur 9,95 DM

Compact Schnellkurs
Kleine und große
Probleme schnell und
perfekt beseitigt.
Jeder Band mit 32 S.,
über 100 Abb.,
nur 6,95 DM

Fordern Sie den neuen
Prospekt mit allen
lieferbaren Titeln an:

Compact Verlag GmbH
Züricher Straße 29
81476 München
Tel.: (0 89) 7 59 10 15
Fax: (0 89) 75 60 95

nen Platte geschnitten wurde. Natürlich mußte zunächst ein Plan gezeichnet werden, und zwar unter der Berücksichtigung, daß alte Kacheln möglichst nicht für einen Grundofen verwendet werden sollten.

2. Es bot sich daher der Bau eines sogenannten Sesselofens an, dessen rechter Teil ein Herd (Grundofen) sein sollte. Hier wurden die guten Kacheln verwendet (8, 9, IVR, 16, 17). Die restaurierten Kacheln sowie diejenigen, die keinen einwandfreien Eindruck mehr machten, wurden im linken Teil des Ofens verwendet, der nach dem Warmluftprinzip arbeitet. Es waren außerdem mehr Ecken vorhanden, als für den zweiseitigen Aufbau notwendig gewesen wären. Der Ofen wurde deshalb von der linken Mauerkante etwa eine Kachelbreite abgesetzt. So wirkt er nicht so arg in die Ecke gedrängt.

3. Im linken Konvektionsteil versteckt sich ein Brennereinsatz (1), der vom Flur aus beheizt wird. Über den Doppelrohrbogen (2) werden die Rauchgase in den Nachheizkasten (3) und von dort über das Rauchgasrohr (4) in den linken Schornstein geführt.

Der Grundofen, rechts, ist relativ einfach gebaut. Hinter der Heiztür befindet sich der Feuerraum (5). Die Abgase ziehen durch den Umlenkzug (6) zum rechten Schornstein (7). Die Ziffer (8) verweist auf die Kachellagen.

Ist Ihr Plan (Abb. 1, 2 und 3) mit den vorhandenen Kacheln wirklich durchführbar, können Sie mit der manuellen Arbeit beginnen.

4. Zunächst stellen Sie die „Technik" auf. Der Brenner kommt auf einen gemauerten Sockel, der auf beiden Seiten mit je einer Auflage versehen ist. Der Nachheizkasten wird auf eingemauerte Winkeleisen gesetzt. Bis zur Sturzhöhe über dem Bogen mauern Sie mit Normalziegel oder Kalksandstein. Ab da verwenden Sie Schamottesteine, die flach vermauert werden. Beim Grundofen sollten sie von der Aschentür an aufwärts geklammert werden.

5. Nachdem der Sockel verputzt ist, bauen Sie die Innenteile des Herdes. Die Seitenwand am Brenner wird mit flachen Steinen im Verbund bis zur späteren Plat-

5

6

7

8

9

tenhöhe aufgezogen. Im Feuerraum verlegen Sie auf dem Sockel eine Reihe Platten als Umgrenzung für einen kleinen Rost (siehe Abb. 4). Der Zugumlenkungsstein in der Mitte des Herdraums wurde auf eine 4 cm dicke Schamotteplatte gesetzt. Ein zweiter Zugumlenkstein befindet sich etwa 10 cm dahinter. Sie werden etwa 3 cm unter die Herdplatte aufgezogen.

6. Nun beginnt die Kachelarbeit. Zunächst drücken Sie die gewässerten Simsteile in ein dickes Mörtelbett. Beginnen Sie mit der vorderen Ecke und richten Sie den Sims mit einer Latte aus. Für die Heiztür und das Kehrtürchen bleiben zwei Öffnungen frei.

7. Nun setzen Sie die erste Eckkachel links an die Hintermauerung. Es folgt die rechte Eckkachel. Spannen Sie eine Hilfsleiste ein und stellen Sie die Platten mit Hilfe der Klammern auf. Besonders bei den Türen müssen Sie sorgfältig klammern.

8. Mit der ersten Kachelreihe haben Sie den Herd schon auf der richtigen Höhe. Sie erkennen zwei Schamottestürze für die Auflage der Platte links und an der Kaminseite. Natürlich wird vor dem Auflegen der Platte noch eine Herdschürze angebracht. Lassen Sie die erste Reihe gut abbinden, bevor Sie die zweite Reihe setzen. Sie umschließt jetzt nur noch den Konvektionsteil des Ofens und besteht aus zwei Ecken, vier Platten und einer halben Platte, die wie alle anderen aus beschädigten Eckkacheln geschnitten wurde.

9. Nach vier Reihen sind Sie beim Sims angelangt. Das Warmluftgitter in der dritten Reihe wird von oben in die bereits stehende Reihe eingesetzt. Seine Laschen greifen hinter die Kacheln. Setzen Sie es ein, bevor Sie die Halteleisten entfernen, und mauern Sie die Laschen mit Schnellbinder ein. Ebenso verfahren Sie beim Sims, dem Sie ein dickes Mörtelbett unterlegen. Die Abdeckplatte wird ausschamottiert und anschließend verputzt.

10. Der Aufwand war zwar beträchtlich, aber er hat sich sichtlich gelohnt. Würden diese wunderschönen Kacheln Sie nicht auch zunächst darüber hinwegtäuschen, daß dieser Ofen neu gesetzt wurde und keine Antiquität ist?

10

Bildquellen-Nachweis

Die nachstehend in alphabetischer Reihenfolge aufgeführten Firmen haben Bildmaterial zur Verfügung gestellt. Die Zahlen in den Klammern nach den Seitenzahlen beziffern die Anzahl der überlassenen Abbildungen. Da die genannten Firmen damit zur Gestaltung dieses Buches beigetragen haben, möchte ich ihnen für diese freundliche Unterstützung danken.

Wenn Sie die Materialien dieser Firmen bei Ihrem Fachhändler oder Heimwerker-Markt nicht erhalten, können Sie sich auch direkt an sie wenden. Man wird Ihnen dann die Adressen der nächstgelegenen Vertriebslager und -stellen nennen.

berg gmbh & co., Innstraße 64, 83022 Rosenheim: *16* (1)

Björndal Kaminöfen, Berninghaus Vertriebsges.mbh, An der Roßmühle 17, 47839 Krefeld, Tel.: 0 21 51/7 37 21: *64* (1)

Deutsche Rockwool Mineralwoll-GmbH, Bottroper Straße 241, 45964 Gladbeck, Tel.: 0 20 43/40 80: *26* (3)

Dovre GmbH, Alfred-Nobel-Straße 2 – 14, 50226 Frechen, Tel.: 0 22 34/5 20 41-42: *74/75* (6), *76/77* (6), *78/79* (4)

FELS-WERKE Peine-Salzgitter GmbH, Postfach 14 60, 38604 Goslar: *58/59* (6), *60/61* (6)

Hark GmbH & Co. KG, Kamin- und Kachelofenbau, Moerser Straße 26, 47228 Duisburg: *80/81* (4), *82/83* (4), *84* (1)

Hase Kaminofenbau GmbH, Ottostraße 19 a, 54294 Trier, Tel.: 06 51/8 90 05: *14* (1), *16* (2)

Jøtul Berninghaus Vertriebsges.mbH, An der Roßmühle 17, 47839 Krefeld, Tel.: 02 51 /7 37 21: *22* (2), *23* (1), *85* (2), *86/87* (3), *88/89* (3)

Klingenberg Dekokeramik GmbH, Postfach 10 20, 63907 Klingenberg, Tel.: 0 93 72/13 11: *92/93* (6), *94/95* (5)

LÜNSTROTH Offene Kamine, Rothenfelderstr. 9, 33775 Versmold: *92/93* (4)

Lugato Chemie Dr. Büchtemann GmbH & Co., Postfach 70 11 40, 22011 Hamburg, Tel.: 0 40/ 6 94 01 91: *42* (3)

OLSBERG-FEUER, Ph. Evers GmbH & Co. KG, 59939 Olsberg, Tel.: 0 29 62/30 11: *11* (1), *13* (8), *22* (1), *110/111* (3)

Schiedel GmbH & Co., Lerchenstraße 9, 80995 München, Tel.: 0 89/35 40 91: *15* (2), *23* (1)

Schobesberger Günter, Schillerstraße 12, 94032 Passau: *18* (1), *19* (3), *20/21* (8), *23* (1), *24/25* (6), *28/29* (6), *30/31* (16), *32/33* (6), *45* (4), *46/47* (8), *48/49* (5), *52/53* (7), *54/55* (6), *56* (3), *62/63* (6), *96/97* (6), *98/99* (6), *100/101* (6), *102/103* (6), *104/105* (6), *106/107* (4), *112/113* (4), *114/115* (4), *117* (2), *118/119* (2)

Ströher GmbH, Kasseler Straße 41, 35683 Dillenburg, Tel. 0 27 71/39 11: *43* (3)

VENUS TONWERK, Postfach 9, 94374 Schwarzach, Tel.: 0 99 62/8 82: *18* (1), *41* (1), *69* (3), *70/71* (5), *72/73* (2)

Villeroy & Boch, Postfach 11 20, 66688 Mettlach: *65* (2), *66/67* (6), *68* (1)

Wodtke GmbH, Rittweg 55, 72070 Tübingen, Tel.: 0 70 71/7 29 56: *11* (2), *12* (1), *14* (2), *17* (2), *18* (1), *57* (1)